ESPÍRITUS DE LA NATURALEZA

Cómo mitigar huracanes, sequía, terremotos, inundaciones y otros desastres naturales

Elizabeth Clare Prophet

Porcia   *Ediciones*
Barcelona   *Miami*

ESPÍRITUS DE LA NATURALEZA
Título original:
IS MOTHER NATURE MAD?
por Elizabeth Clare Prophet

PORCIA EDICIONES, S.L.
C/ Aragón, 621 4° 1ª - Barcelona 08026 (España)
Tel./Fax (34) 93 245 54 76
E-mail: porciaediciones@yahoo.com

1ª reimpresión: mayo 2014
ISBN: 978-1499557220

Impreso en EE.UU.
Printed in USA

Índice

Capítulo 1

El eslabón entre la humanidad y la naturaleza

La historia de Robert

Enero de 2007. Australia sufría la peor sequía de su historia. Los granjeros pasaban por un momento de enormes dificultades. Los índices de suicidio iban al alza en las poblaciones rurales. Los embalses y los ríos se estaban secando. Las noticias sobre calentamiento global y previsiones fatalistas llenaban los periódicos.

Inmerso en tal panorama, un grupo compuesto por unas cincuenta personas procedentes de distintos lugares del continente nos juntamos para celebrar un seminario durante cinco días. Uno de los temas era precisamente cómo trabajar con los espíritus de la naturaleza a fin de amortiguar la sequía.

En un taller de dos horas aprendimos que las fuerzas de la naturaleza son un espejo de los pensamientos y sentimientos del hombre, y que la sequía física puede ser consecuencia de la sequía o escasez en la conciencia de las personas. Asimismo, aprendimos técnicas espirituales para colaborar con los espíritus de la naturaleza: enviarles amor, mandarles una clara imagen mental de lo que desearíamos que manifestaran y orar científicamente por ellos.

Pasamos cinco días practicando esas técnicas durante un espléndido y soleado verano en la costa este de Australia. Al final llovió. En algunos lugares cayó una lluvia torrencial. El mapa meteorológico mostraba lluvias por todo el continente, de costa a costa, sobre todo en ciertas áreas más azotadas por la sequía. Algunas zonas del interior incluso sufrieron inundaciones. Pero sus habitantes estaban felices al pensar en la nueva vida que esa agua les traería.

Los expertos analizaron lo ocurrido. Se habló de la posibilidad de que esa lluvia pudiera marcar el fin del fenómeno meteorológico de El Niño que había causado la sequía. Haría falta mucha más lluvia en la mayor parte del territorio, pero había esperanza.

¿Se trataba de una coincidencia? ¿Era la lluvia tan solo el resultado de la intervención de fuerzas naturales impersonales las cuales, de haberse sabido acerca de ellas, se pudieran haber pronosticado? ¿O estamos viendo un ejemplo de lo que unas pocas personas pueden hacer cuando aprenden a trabajar conscientemente con los espíritus de la naturaleza?

¿Se ha vuelto loca la Madre Naturaleza?

É se era el titular de un periódico local un nevado día de diciembre de 1996 en el que vientos a ciento cincuenta kilómetros por hora y lluvia y nieve densas azotaban el noroeste de los Estados Unidos, provocando el hundimiento de tejados, la caída de líneas de conducción eléctrica y avalanchas en el tráfico que colapsaban las principales autopistas. El titular —y la pregunta en sí— era más profundo de lo que en un principio muchos pensamos.

Desde entonces, los elementos no han hecho más que volverse todavía más caprichosos e impredecibles. En años recientes, hemos visto con asombro cómo crecían en número tormentas e inundaciones, huracanes y tornados, terremotos y tsunamis, olas de calor, sequía, incendios y erupciones volcánicas. Los desastres naturales han provocado muchas pérdidas de vidas y de recursos.

 # Un aviso

¿A qué viene tanto comportamiento excéntrico? Creo que se relaciona con la ley de causa y efecto, la cual actúa en nuestra vida, y decreta que nuestros pensamientos, palabras y acciones —positivos o negativos— generan una reacción en cadena y que personalmente experimentaremos el efecto de cada causa que hayamos puesto en movimiento. Somos responsables de nuestros actos, así como del efecto que produzcan en nosotros y en otras vidas, incluido el reino de la naturaleza.

Así pues, la ley de causa y efecto, también conocida como karma, es lo que vemos en las poco comunes y calamitosas manifestaciones de la naturaleza. Nosotros somos en gran parte responsables de lo que acontece en nuestra Tierra y en el ecosistema. Por tanto, estamos cosechando nuestro karma del pasado.

Hay muchos problemas en el mundo: hambruna en el planeta, drogas en las calles, todo tipo de violencia… Además, se producen fenómenos meteorológicos irregulares y desastres naturales. No veo tales sucesos como inconexos. Están relacionados y nosotros somos, en parte, responsables.

Se trata de un mensaje que se halla en lo más profundo del alma. Lo conocemos internamente. Sin embargo, cuando no respondemos a nuestra percepción interna o a la guía interna que tal vez recibamos, tarde o temprano, de uno u otro modo, el karma desciende. Desciende con el propósito de que nos detengamos, nos reunamos para afrontar la situación, y reflexionemos en lo que es verdaderamente la vida.

Estos desastres despiertan a la gente: la despiertan a percatarse de la llama del corazón, al amor y la compasión, y a aunar esfuerzos. Pero seguimos enfrentándonos con problemas importantes, y muchos de ellos están relacionados.

En la naturaleza no existen recompensas ni castigos: hay consecuencias.

ROBERT GREEN INGERSOLL

Una reacción en cadena

Si prestamos atención a la raíz del arrebato de la Madre Naturaleza, nos percataremos de que, en el aspecto físico, los abusos sobre el medio ambiente por medio de la deforestación, la quema generalizada de combustibles fósiles, la lluvia ácida y cualquier forma de contaminación, han provocado una reacción en cadena que jamás previmos. Los riesgos que hemos corrido con respecto a nuestro medio ambiente son enormes, y no tenemos ni idea de dónde acabará esa reacción en cadena.

De todas formas, el abuso físico del medio ambiente es sólo un lado de la cuestión: el visible. Si queremos entender los traumas que se van a manifestar frente a nosotros, es preciso que veamos desde el otro lado el reino de la naturaleza y el peso en gran parte invisible que hemos puesto sobre él. Tenemos que ir más allá de los síntomas externos para ver la causa interna.

Niveles de conciencia en la naturaleza

Si miramos al mundo visible con un filtro de conocimiento científico, podemos pensar que las cosas suceden sin que una inteligencia las dirija. Y pese a ello, cuando un desastre natural hace estragos en nuestra vida lo llamamos un acto de Dios o, simplemente, la naturaleza. ¿Qué es la naturaleza? ¿Posee la naturaleza inteligencia, conciencia?

Desde las estrellas más alejadas hasta la más diminuta gota de rocío, numerosas manos invisibles se ocupan del universo. Los ángeles nos guían, nos vigilan y atienden a nuestras necesidades. Seres espirituales iluminados, que residen en los planos del Espíritu, instruyen a nuestra alma e iluminan el camino de regreso a nuestra fuente. Y los espíritus de la naturaleza, también conocidos como 'elementales', cuidan de las fuerzas de la naturaleza en los elementos de fuego, aire, agua y tierra.

Los elementales se ocupan de los reinos mineral, vegetal y animal, y todos éstos poseen alguna forma de conciencia. Existe, no obstante, una gran diferencia en el nivel de conciencia de cada grupo.

El reino mineral carece de conciencia propia, aunque tiene una densidad mineral y una radiación espiritual que se confiere a cada elemento y partícula por medio de la conciencia de los espíritus de la naturaleza. Los elementales, asimismo, formulan el diseño divino de cada roca, piedra preciosa y componente de la vida mineral.

A los árboles y las plantas se les ha concedido un mayor grado de conciencia vital que aquél del reino mineral. Ciertos estudios exponen que las plantas experimentan sensaciones, emiten sonidos y reaccionan a su entorno y a factores tales como personas, música o emociones. Los espíritus de la naturaleza cuidan de las plantas y brindan a todo lo que crece la sensibilidad que los científicos han registrado. La fotografía Kirlian, por ejemplo, ilustra acerca de la fuerza vital que poseen las plantas a base de revelar un aura de energía universal —un campo electromagnético— que se observa asimismo en hombres y animales.

El mundo entero enciende la mente iluminada y la hace brillar con la luz.

Ralph Waldo Emerson

Los animales y las criaturas marinas cuentan incluso con mayores niveles de conciencia e inteligencia. Pueden mostrar características que casi parecen humanas, así como una misteriosa intuición y sintonía. Ciertamente, existe una maravillosa sintonía y estrecha conexión en la naturaleza.

Por alguna razón misteriosa
los bosques nunca me han parecido algo estático.
Desde el punto de vista físico,
me muevo por dentro de ellos;
y sin embargo, desde una óptica metafísica,
ellos parecen moverse por dentro de mí.

JOHN FOWLES

Una mariposa monarca

Era hora de escardar el jardín, así que me puse manos a la obra y las introduje en la tierra. El sol brillaba a través de las nubes. Las abejas y los abejorros zumbaban alrededor de mi cabeza. Me olvidé del tiempo, y me sentía unida a la naturaleza que me rodeaba.

Cuando terminé, recogí con el rastrillo todo lo que había escardado. Tan pronto acabé, vi por el rabillo del ojo una hermosa mariposa monarca posada sobre un extremo del granero de madera. Sentí un entusiasmo pueril y una enorme sensación de paz y amor.

Moví despacio la mano derecha hacia la mariposa hasta encontrarme muy cerca de sus patas frontales. Esperé pacientemente. Entonces colocó una pata en mi dedo, luego la segunda, la tercera, la cuarta, la quinta y la sexta.

La admiré desde todos los ángulos y le dije, en silencio, lo bella que era. Como si la mariposa sintiera mi admiración, de pronto levantó las alas de modo que pude ver su ojo izquierdo y su diminuto cuerpo cubierto de vello. A continuación bajó las alas y pude contemplar los imponentes colores encima de ellas. Al rato, caminé hacia un gran arbusto que tenía flores de color violeta y la mariposa se posó suavemente en una de ellas.

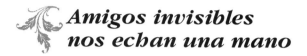

Amigos invisibles nos echan una mano

Siempre al cuidado de todos esos niveles de vida, los elementales han dejado sus huellas en la tradición y leyenda de muchas culturas, en las que se les describe de muchas maneras, desde juguetonas hadas y espíritus hasta traviesos duendes o gnomos gruñones. Muchos niños, por haber llegado del cielo hace tan poco tiempo, lo cual les permite ver los reinos invisibles, han adoptado a ese pequeño grupo como sus compañeros de juego 'imaginarios'. Sin embargo, muchos adultos no ven los espíritus de la naturaleza ni recuerdan haber interactuado con ellos de pequeños.

Un amiguito llama a la puerta

En el relato que sigue, una niña iba vigilando para asegurarse de que su amiga 'imaginaria' no se quedase atrás.

Un día, mi hija de cuatro años y yo regresábamos a casa después de dar un paseo. Entramos al vestíbulo y luego me di la vuelta y empecé a cerrar la puerta. Pero me detuve cuando mi hija gritó: «¡Mamá, mamá, no cierres la puerta! ¡Capia está entrando!». Sumisa, sostuve la puerta abierta hasta que me aseguró que su amiga la elemental estaba dentro con nosotros.

Una simple diferencia de vibración

Sir Arthur Conan Doyle, el genial creador de Sherlock Holmes, llegó a creer en la existencia de espíritus de la naturaleza tras mucha exploración y reflexión.

En *The Secret Life of Nature* (La vida secreta de la naturaleza), Peter Tompkins explica: «Doyle señalaba que en el mundo racional de la física vemos objetos solamente en la limitada banda de frecuencias que componen nuestro espectro de colores, mientras que las vibraciones infinitas, invisibles para la mayoría de humanos, existen a cada lado de ellas».

Doyle escribió: «Si pudiéramos concebir una raza de seres constituidos de un material que emitiera vibraciones más cortas o más largas, serían invisibles a menos que pudiéramos sintonizarnos con ellos, o sintonizarlos a ellos con respecto a nosotros [...]. Si la electricidad de alta tensión puede transformarse en baja tensión por medio de un artefacto mecánico, adaptándolo a otros usos, no sería difícil concluir por qué algo parecido no ocurriría con las vibraciones del éter y las ondas de luz».

Tomkins subraya que los inventores Tomás Edison y Nikola Tesla, contemporáneos de Doyle, parecían discurrir por la misma senda. Ambos trataban de desarrollar un aparato capaz de comunicar y fotografiar los espíritus que poblaban el mundo de las hadas.

Doyle llegó a la conclusión de que la cooperación de la humanidad con esos espíritus de la naturaleza podría mejorar el futuro de nuestra civilización. «Es difícil para la mente —escribió— entender cuáles serán las últimas consecuencias cuando hayamos demostrado realmente la existencia sobre la superficie del planeta de una población quizás tan numerosa como la raza humana, que persigue su propia vida curiosa a su propia manera curiosa, y que sólo la separa de nosotros una diferencia en la vibración».

¡Mira, no lleva medias!

A diferencia de esos inventores, a esta niña no le hizo falta una fotografía para saber qué aspecto tiene un elemental.

Trabajaba en una escuela de enseñanza preescolar donde solíamos leer a los niños los libros sobre hadas y flores de Cicely Mary Barker. Mostraba a los niños cada ilustración y les indicaba qué era distinto en cada hada: una llevaba puesto un vestido, otra llevaba zapatos, otra tenía los pies desnudos, y así sucesivamente. Un día, iba caminando con una niña pequeña. Al pasar por el lado de una planta en una maceta, dijo: «¡Mira, no lleva medias!».

Todo el secreto del estudio
de la naturaleza reside
en aprender a utilizar nuestros ojos.

GEORGE SAND

Ver con la vista espiritual

Mi finado esposo y maestro, Mark Prophet, era capaz de ver los espíritus de la naturaleza. En cierta ocasión comentó: «Los elementales no suelen ser visibles al ojo humano, aunque en raras ocasiones lo han sido [...]. En realidad, no son invisibles: están fuera del alcance del ojo humano común. Por tanto, puedes ver los elementales si sabes enfocar tu conciencia y tus ojos, así como otras facultades que posees y que son espirituales en esencia».

¿Paraíso perdido?

En eras doradas del pasado, ángeles, elementales y seres humanos funcionaban en plena armonía. Mark Prophet nos dio una vez vislumbres de ese mundo cuando describió el aspecto que ofrecería la Tierra si los elementales no anduvieran doblados por la contaminación mental, emocional y física.

De haber seguido el plan divino, seríamos capaces de ver y ser amigos de los espíritus de la naturaleza. No tendríamos que bregar con tormentas grandes o pequeñas. La tierra despediría rocío para regar nuestros cultivos. No caería lluvia, sino que del aire brotaría rocío.

El aire estaría cargado de humedad en las cantidades necesarias por toda la Tierra, y los desiertos florecerían como una rosa. No habría exceso ni falta de humedad: lo adecuado para cada clima. Tendríais el clima más hermoso y [...] las más bellas flores en todo el mundo.

Tendríais cantidad de alimento y [...] habría frutas en abundancia. Muchas de las que se materializarían ni siquiera existen hoy día en el planeta [...]. Nos comunicaríamos con los elementales, y recibiríamos enseñanza de los ángeles.

Reflexiones

1. Los pensamientos, palabras y actos —tanto positivos como negativos— de la humanidad afectan al entorno, la naturaleza y los fenómenos meteorológicos. ¿Cómo ves que todo eso se manifiesta?

2. ¿Recuerdas algún momento en que estuvieras en la naturaleza y sintieras más que la presencia física de los elementos de la naturaleza? ¿Cómo lo percibiste?

3. ¿Qué piensas sobre el hecho de pasar tiempo en la naturaleza? ¿De qué manera han cambiado tus pensamientos y sentimientos?

Capítulo 2

El funcionamiento interno de la naturaleza

Cuatro tipos de espíritus de la naturaleza

Existen cuatro tipos de espíritus de la naturaleza: gnomos, silfos, salamandras y ondinas, que mantienen los elementos tierra, aire, fuego y agua, respectivamente. Día tras día, trabajan para purificar esos elementos y para mantener la Tierra en equilibrio. Regulan todos los procesos naturales en el planeta.

Quienes han explorado el mundo de los elementales nos cuentan que éstos son por naturaleza alegres, despreocupados, inocentes, leales y confiados, y en épocas pasadas sirvieron en armonía con la humanidad. Pero llegó un momento en que la negatividad de los hombres se introdujo en su mundo, de manera que su tarea se volvió mucho más ardua. A partir de entonces tuvieron que funcionar en un mundo más denso y restablecer el equilibrio donde el desequilibrio iba en aumento.

Durante siglos y milenios, la carga de pensamientos, palabras y actos negativos de la humanidad se ha ido acumulando. Los elementales han llevado ese peso y han tratado de recuperar el equilibrio planetario.

Creo que hará falta restablecer la cooperación entre hombres y elementales para devolver a la ecología de la biosfera de la Tierra el correcto equilibrio. Para hacernos una idea de cómo eso se lleva a cabo, vamos a mirar más de cerca a los cuatro grupos de los espíritus de la naturaleza y lo que hacen por nosotros.

He aprendido a mirar la naturaleza, no como en la época de la juventud irreflexiva, sino oyendo a menudo la suave y triste música de la humanidad.

WILLIAM WORDSWORTH

Cuidar del elemento tierra

Los espíritus de la naturaleza que se ocupan del nivel físico se llaman gnomos. Millones de gnomos cuidan de la tierra a través de los ciclos de las cuatro estaciones y procuran la provisión de las necesidades diarias para todo lo que vive. Asimismo, procesan los residuos y derivados que son inevitables en nuestra vida cotidiana.

Los gnomos realizan cualquier cosa dirigida al cuidado del elemento tierra. Son responsables de fertilizar la tierra y de la formación de todos los minerales y elementos que se encuentran en ella. También protegen y mantienen la forma y textura de flores, hojas, tallos, plantas, es decir, todo lo que se produce en la tierra. Mark Prophet comentó en una ocasión: «He llegado a entender que los elementales presiden cada manifestación que ocurre en la naturaleza: no crece una flor en algún lugar, ni siquiera una brizna de hierba, sin la dirección de algún elemental».

Los campos tienen ojos y los bosques, oídos.

JOHN HEYWOOD
POETA DEL SIGLO XVI

Rosales rescatados

Una mujer me escribió relatándome el modo en que los elementales habían salvado sus preciosas flores.

Los hermosos rosales de mi jardín eran víctimas de una agresión: áfidos, que infestaban las hojas de cada arbusto. Así que pedí a los elementales: «Estaría muy agradecida si fuerais tan amables de conseguir unas cuantas mariquitas que se encargasen de los áfidos». A la mañana siguiente, cuando salí a ver el jardín, comprobé que había mariquitas por todos los rosales y los áfidos se habían ido. Di las gracias a los elementales.

Quienes poseen el don de la visión interna y ven más allá del mundo físico han descrito el aspecto que tienen los espíritus de la naturaleza. Afirman que los gnomos suelen ser bajos y traviesos, pero no siempre. Pueden aparecer como duendes de tres pulgadas (ocho cm.) de alto jugando entre la hierba, o enanos de tres pies (casi un metro) o hasta gnomos gigantes.

Aparte de mantener los ciclos de crecimiento en la Tierra, los laboriosos gnomos limpian la tierra de venenos y contaminantes que son peligrosos para el cuerpo físico de hombres, animales y plantas, incluidos residuos tóxicos, efluvios industriales, pesticidas, lluvia ácida, radiación nuclear y cualquier forma de abuso sobre la Tierra.

A niveles espirituales, los gnomos realizan una tarea aun más ardua. Deben limpiar las huellas de la discordia y la negatividad producidas por la humanidad, que permanecen en la tierra a niveles energéticos. Guerra, asesinatos, violaciones, abuso infantil, matanza y tortura sin sentido de animales, obtención de beneficios a expensas del medio ambiente, así como odio, rabia, discordia, chismorreo: todo ello genera una acumulación de energía cargada negativamente que se convierte en un peso para el cuerpo terrestre y los espíritus de la naturaleza.

Al igual que sucede con las mareas en el mar y las corrientes en el aire, toda la energía se mueve con un flujo rítmico. Los patrones de flujo de energía cruzados o producidos entre las personas, ya sean perjudiciales o benignos, deben tarde o temprano reciclarse en el planeta. Durante el proceso, aquéllos son asimilados y dominados por las fuerzas de la naturaleza.

No podemos recordar con demasiada frecuencia que cuando observamos la naturaleza [...], siempre somos nosotros solos quienes estamos observando.

GEORG CHRISTOPH LICHTENBERG
MÉDICO DEL SIGLO XVIII

Nutrir el elemento agua

Se conoce a los espíritus de la naturaleza cuyo territorio es el elemento agua como ondinas. Estos bellos y flexibles seres, parecidos a las sirenas, son sutiles y rápidos en sus movimientos y pueden cambiar de forma en un instante.

Las ondinas manejan muchas de las funciones vitales del mar, entre ellas conservar los preciosos jardines de los mares. Esos elementales gobiernan el agua y sus energías dondequiera que estén, no sólo grandes masas de agua sino también fuentes menores.

Las ondinas controlan toda la vida marina y mineral en los mares y en las aguas de la Tierra. También controlan las mareas y tienen un papel relevante con relación al clima y a oxigenación y precipitación. Puesto que tres cuartas partes de la superficie terrestre están cubiertas de agua, las ondinas están bastante ocupadas...

Esos seres se dedican a purificar el agua dondequiera que la haya, incluso en el cuerpo del hombre. Su función es limpiar las aguas del planeta envenenadas por aguas residuales, vertidos de petróleo, residuos industriales, productos químicos, pesticidas y otras sustancias. Realizan su dura labor sin descanso con el fin de sanar los mares contaminados, ya que recargan el campo electromagnético de las aguas con las corrientes del Espíritu. Sus cuerpos son conductores de corrientes cósmicas que resuenan por las cámaras de la vida submarina.

Las ondinas limpian no sólo las aguas físicas, también aquel aspecto de la vida humana que se relaciona con el elemento agua: las emociones. La palabra 'emoción' puede definirse como 'energía en movimiento'. A la par que el agua, aquélla cuenta con un enorme poder y movimiento. Asimismo, las emociones pueden súbitamente venírsenos encima, y desplazarnos o alejarnos de una perspectiva equilibrada.

Las ondinas llevan el peso de la contaminación emocional de la humanidad, esto es, sentimientos exentos de paz, como serían la rabia, el miedo o la ansiedad.

A mi parecer, el agua es como una persona, como un niño a quien llevo conociendo desde hace mucho tiempo. Puede parecer una locura, lo sé, pero cuando nado en el mar le hablo. Nunca me siento sola cuando estoy allí.

GERTRUDE EDERLE*

---

* Ganadora olímpica de una medalla de oro y la primera mujer que cruzó el canal de la Mancha.

Dirigir el elemento aire

El siguiente grupo de espíritus de la naturaleza son los silfos, que se ocupan del elemento aire dirigiendo el flujo de las corrientes de aire y condiciones atmosféricas. Purifican la atmósfera y oxigenan cada célula de la vida con el hálito sagrado del Espíritu. Portan el prana —aliento de vida— que alimenta todo lo que vive. A niveles sutiles, los silfos transmiten las corrientes del Espíritu desde el cielo hasta la atmósfera en la Tierra.

A menudo, los silfos poseen finos cuerpos etéricos que transforman con elegancia en multitud de formas a medida que se elevan por el aire. Los reinos del aire, desprovistos de caminos, son su territorio, y el rastro que dejan con frecuencia lo delimita la formación y nueva formación de nubes. Los silfos son capaces de recorrer grandes distancias con rapidez. Silfos gigantes pueden atravesar los cielos y penetrar los elementos tierra, agua y fuego.

Los ojos azules de un silfo

Una noche tormentosa este viajero recibió la sorpresiva visita de un silfo.

Iba como pasajero en un Boeing 747 que volaba a Los Ángeles. Esa noche había tormenta, que nos sacudía como si fuéramos un trozo de papel. El viento y las turbulencias eran terribles y los relámpagos iluminaban la oscura cabina, dando la impresión de ser de día. Éramos muy pocos en el avión, así que corrí al lado de una ventana, lejos de todos, para hacer unas oraciones intensas. Con el fin de ocultar el sonido de mi voz, presioné la cara contra el vidrio cerca de uno de los motores.

Con los ojos bien apretados, imploré al cielo y a los elementales que nos salvaran.

Paré, respiré profundamente y abrí los ojos. De pronto, ¡me encontré mirando a los increíbles ojos azules de un silfo! Tardé un segundo en darme cuenta de que el silfo estaba fuera del vidrio. ¡De verdad me dio un susto! Al final, pude hablar y dije: «¡Estás afuera!».

El silfo respondió: «Sí, y vamos a cuidar de ti. No tengas miedo».

Al poco rato, el avión estaba por encima de la tormenta, y todo volvió a la calma.

Si queremos ver más de cerca a los silfos, podemos hacerlo con los ojos de Mark Prophet. «Éste es el tipo de elementales que ves con pelo largo y fino, cuerpos seráficos, y muy curvilíneos. Flotan en el aire y doblan su cuerpo entero creando diferentes formas. A veces lo doblan con las piernas atrás, arrastrándolas como si fueran un vestido, y colocan los brazos adoptando poses de garbosa bailarina.

»Tienen un rostro hermoso, como la mujer más bella que uno pueda imaginar, salvo que son caras de un alma». Las únicas excepciones, apuntó Mark, son cuando toman un cuerpo humano que refleja actitudes humanas negativas.

Como si fueran transformadores gigantes, los silfos conducen las corrientes de la mente de Dios a la mente del hombre. Además, se encargan de purificar el aire de agentes contaminantes —desde humos del tubo de escape y compuestos orgánicos volátiles hasta humos tóxicos emitidos por fábricas y otros procesos industriales— antes de que éstos contaminen el agua y la tierra.

El elemento aire corresponde al nivel mental de existencia —la mente—, que se parece al aire en lo ilimitado de su capacidad. Por ello, los silfos tienen asimismo la tarea de purificar el plano mental, el cual puede verse contaminado por pensamientos negativos que alimentan odio, rabia, prejuicios raciales, fanatismo religioso, resentimiento, orgullo, ambición, avaricia, celos y otros venenos similares.

Controlar el elemento fuego

El cuarto grupo de espíritus de la naturaleza se ocupa del elemento fuego y se les denomina salamandras. Su tarea es crucial ya que funcionan en el nivel atómico de toda vida orgánica e inorgánica infundiendo a las moléculas de la materia los fuegos espirituales de la creación.

Las vestiduras de las salamandras se asemejan a vibrantes fuegos del arco iris emitiendo todo el espectro de los rayos de éste. Los espíritus de fuego de la naturaleza son seres altos y majestuosos. De hecho, son los elementales más altos y más poderosos de todos. Podemos imaginarnos su altura si pensamos en un gran y elevado fuego capaz de arrasar un bosque.

Las salamandras imbuyen por entero la creación de las energías del Espíritu, necesarias para mantener la vida en la Tierra. Capaces de manejar los fuegos más intensos del átomo físico así como los fuegos purificadores del Espíritu, controlan la oscilación espiritual-material de la luz dentro del núcleo de cada átomo.

Ya se trate de electricidad, de la luz del hogar o de la llama de una vela, las salamandras son agentes que transfieren los fuegos del mundo sutil para el uso diario de la humanidad. Sin la chispa de la vida sostenida por las salamandras, la vida y la materia empiezan a descomponerse, corroerse y desintegrarse.

Las cargas que recaen sobre las salamandras incluyen desde el peso del odio humano hasta usos irresponsables de energía nuclear. De no ser por las salamandras que absorben y transmutan los enormes conglomerados de negatividad de las grandes ciudades del mundo, la criminalidad y la oscuridad serían muy superiores y estarían más extendidas de lo que son o están hoy día.

El sostenimiento de la vida —el aire que respiramos, el alimento que comemos, el agua que bebemos— es algo que la mayoría de nosotros damos por hecho. Sin embargo, en lo más básico dependemos por completo del servicio desinteresado de los espíritus de la naturaleza. El milagro de la vida es el milagro de los gnomos, las ondinas, los silfos y las salamandras.

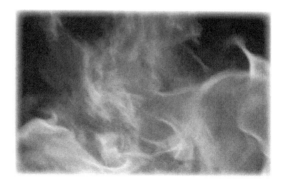

Reflexiones

1. Reflexiona sobre los cuatro grupos de espíritus de la naturaleza. ¿A cuáles te sientes más afín? ¿Por qué?

2. Recuerda algún momento de tu vida en que alguna circunstancia que tuviera lugar en la naturaleza se mitigara o mejorara. ¿Qué elementales piensas que pudieran haber intervenido o colaborado en la situación?

3. ¿Has visto alguna película, leído algún libro u oído algún relato sobre la naturaleza o los elementales que guarde relación con lo que has leído en este libro?

Capítulo 3

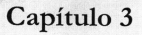

El espejo del hombre

Los elementales y el estado del planeta

Los elementales poseen una cierta plasticidad inherente a su naturaleza, un estado camaleónico que les hace asumir las vibraciones de su entorno. Imitan a los hombres y resultan fácilmente influenciables por nuestros pensamientos y sentimientos, tanto positivos como negativos. Ese mimetismo con respecto a nuestra discordia, generada hoy día igual que en el pasado, puede provocar violentas inundaciones, vientos cortantes, tormentas furiosas y calor tórrido.

Así pues, es una realidad que las turbulencias externas que observamos en los elementales son un reflejo de lo que ocurre dentro del hombre. Mark Prophet explicaba que, por ejemplo, «cuando los silfos adopten actitudes humanas negativas y atributos equivalentes a la discordia, desearán librarse de ellos. Se quitarán de encima las vibraciones humanas de odio y rabia a base de dar vueltas en el aire formando un remolino. Pueden girar tan rápido que son capaces de desatar vientos de ciento cincuenta millas (242 km.) por hora, y ése es el motor de un huracán».

De todos modos, los espíritus de la naturaleza no sólo imitan y asumen las vibraciones humanas. También se sobresaturan de la energía planetaria acumulada de elementos negativos a niveles físico, mental y emocional.

Si la carga es demasiado pesada, se cansan y quedan decaídos, como nos ocurre a nosotros cuando trabajamos demasiado. De modo que, en cuanto dejan de ser capaces de llevar esa carga, se ven obligados a retorcerse literalmente mediante convulsiones con objeto de minimizar el enorme peso. Ello puede provocar terremotos, inundaciones, tornados, huracanes y, como último recurso, un cataclismo de gran escala. A mi juicio, eso fue lo que aconteció cuando Pompeia quedó enterrada bajo cenizas volcánicas.

> La naturaleza siempre tiende a actuar de la manera más simple.
>
> BERNOULLI
> MATEMÁTICO DEL SIGLO XVIII

Algo parecido podemos haber vivido u observado en otras personas. Pongamos por caso, alguien a quien amas llega a casa y, de repente, explota como un volcán o de manera ofensiva. Es inesperado, y sin embargo posiblemente se ha ido acumulando durante mucho tiempo. Esa persona ha estado llevando alguna carga, aun cuando ésta fuera invisible a tus ojos. Es algo así como un volcán interno. Cuanto más tiempo lo ha llevado, más vapor ha acumulado. Eso es lo que le sucede a la vida elemental.

Por tanto, no se refiere tanto a que la Madre Naturaleza haya 'enloquecido', sino a que está triste y exhausta. Está turbada. Y, cual espejo, nos refleja de vuelta nuestra locura, porque ésa es la única manera de captar nuestra atención. Es el único modo de forzarnos a estar despiertos antes de que sea demasiado tarde.

Ningún hombre, ninguna mujer está aislado o aislada. Todos estamos conectados. Cuando nos salgamos de nuestras casillas o, contra lo que nos parece mejor, nos dediquemos a chismorrear o a criticar, estaremos sumándonos a la energía planetaria acumulada de elementos negativos que caen sobre los hombros de los espíritus de la naturaleza.

La energía negativa que sacamos a la superficie atrae a más de su misma índole. A menos que procuremos resolverla y lo consigamos, esa energía, en virtud de la ley del karma, regresará a nosotros. Y, una vez se torne física, ya poco podremos hacer al respecto.

La humanidad no ha tejido la red de la vida. No somos más que un hilo en su entramado. Cualquier cosa que hagamos a la red, nos la hacemos a nosotros mismos. Todo está enlazado.

ATRIBUIDO A JEFE SEATTLE*

*Traducción al inglés inspirada por el discurso profético de Jefe Seattle [1786-1866, líder de las tribus amerindias Suquamish y Dewamish en lo que ahora se conoce como el estado de Washington de los EE.UU.] que pronunció tras oír las condiciones de una propuesta que usurparía la tierra a su gente.

Cuidar de nuestro planeta

El desequilibrio existente en nuestro ecosistema es relevante y grave, y ello no es un buen presagio en lo que se refiere a revertir las consecuencias físicas. No obstante, si cuidamos nuestro planeta, las especies que habitan en él y la vida elemental, con el tiempo lograremos recuperar el equilibrio. ¿Cómo podemos cuidar de los espíritus de la naturaleza y aliviar su pesar? ¿Qué podemos hacer para estar en paz con la Madre Naturaleza?

Dado el peso del karma mundial y los elevados niveles de contaminación y desequilibrio ecológico en muchas partes de la Tierra, es una tarea desalentadora. Pero no es imposible. Contamos con herramientas materiales y espirituales para llevarla a cabo.

En el ámbito físico, nosotros como individuos y como naciones debemos, por supuesto, movernos rápido a fin de limpiar toda la contaminación existente y evitar que se genere más. Cada uno de nosotros podemos poner de nuestra parte optando por alternativas que promuevan mayor salud y armonía para nosotros, para las generaciones futuras y para nuestro planeta. Podría ser, por ejemplo, reciclar, comprar alimentos ecológicos (orgánicos), reducir las emisiones o minimizar el consumo de recursos naturales. Ciertos individuos tal vez aporten nuevas tecnologías, inventos o productos que contemplen los problemas existentes y eviten que se generen otros en el futuro. Cualquier cosa que hagamos requerirá una cooperación sin precedente y la movilización de recursos internos y externos si se desea equilibrar de nuevo la balanza.

Respeto por la vida

A nivel personal, podemos asumir la responsabilidad de dominar nuestros aspectos negativos, incluidos los hábitos que pueden dañarnos o perjudicar a otros, y que contribuyen a la contaminación mental, emocional y física de la Tierra.

Podemos, conscientemente, dar las gracias a los obreros invisibles que se hallan tras las maravillas visibles de la naturaleza, ya sea ofreciendo una bendición antes de comer nuestros alimentos o una oración en voz baja antes de acostarnos por la noche. Porque sin el infatigable trabajo de los elementales no tendríamos una plataforma física en la que vivir. No dispondríamos de un lugar donde resolver nuestro karma o crecer espiritualmente.

Podemos recordarnos individual y recíprocamente que debemos respetar la naturaleza, el mundo material y nuestro entorno físico por ser cálices del Espíritu. Albert Schweitzer dijo una vez: «Si un hombre pierde el respeto por alguna forma de vida, pronto perderá el respeto por toda la vida».

La gente tiene que entender que el mandamiento «Haz a los demás lo que quisieras que hicieran contigo» se aplica a animales, plantas y cosas ¡al igual que a las personas!

ALDOUS HUXLEY

La chispa divina nos faculta

La situación en la Tierra es tan crítica que nos incita a dirigirnos a Dios y decidir ser humildes ante las consecuencias que hemos desatado en este planeta. Porque el hombre no puede controlar el medio ambiente ni anticiparse a las catástrofes como las que vemos actualmente o se han visto desde tiempos inmemoriales, salvo si se vale de medios espirituales. Necesitamos a Dios cuando nos disponemos a resolver tales problemas. Dios y Su esencia en nuestro interior —la llama espiritual dentro de nuestro corazón— es la mayor esperanza que abrigamos a la hora de resolver cualquier problema.

Empezando por el microcosmos del yo, Dios nos faculta por medio de la chispa divina interior para controlar nuestro medio ambiente y nuestra vida. Y al responsabilizarnos más de lo que ocurre con nuestros hijos y nuestra gente, al convertirnos en prudentes administradores de nuestro planeta, podemos despojarnos de la egoísta sensación de andar satisfechos con nosotros mismos, y de ahí, tal vez impedir la necesidad de que la naturaleza nos fuerce a estar despiertos.

Tan importante como los actos que realicemos para restablecer el equilibrio en los niveles físico, mental y emocional es nuestro trabajo espiritual. Y éste puede ser más eficaz si somos conscientes de nuestro propio recurso espiritual: nuestra identidad divina. En efecto, ésa es la base del trabajo que llevemos a cabo con los elementales. Si sabemos quiénes somos verdaderamente —nuestro Yo Superior— podemos acceder a la luz y al poder capaces de ayudarnos a sumarnos a los elementales con el fin de limpiar la contaminación, restablecer el equilibrio en nuestro ecosistema y mitigar o transmutar el karma que ya rebosa por todas partes en el plano físico.

Nuestra identidad divina

La gráfica de tu Yo Divino es ilustrativa en cuanto a tu vasto potencial y destino espiritual. Es un retrato de ti y de Dios dentro de ti. La figura superior es tu «Presencia YO SOY», es decir, la Presencia de Dios individualizada para cada uno de nosotros.

La figura central representa tu Yo Superior, que es tu maestro interno, la voz de la conciencia y tu amigo más íntimo. Jesús descubrió que el Yo Superior era «el Cristo» y Gautama lo halló en «el Buda». Así, al Yo Superior en ocasiones se le denomina el Cristo interno (o Yo Crístico) o el Buda interno. Los místicos cristianos a veces se refieren a él como el hombre interno del corazón o la Luz interna. Y los Upanishads misteriosamente lo describen como del «tamaño de un pulgar» que «reside en el fondo del corazón». Ya lo llamemos el Cristo, el Buda, el Atmán o el Tao, cada uno de nosotros está destinado a unirse al Yo Superior.

La figura inferior te representa a ti que estás en el sendero espiritual, envuelto por la protectora luz blanca de Dios y por la llama violeta. (Véanse págs. 115-123 para más detalle acerca de la llama violeta.) Alrededor de la Presencia YO SOY se observan siete esferas concéntricas de luz que conforman lo que se conoce como el cuerpo causal. Cada esfera indica un aspecto o cualidad distintos de la conciencia cósmica que has desarrollado durante tus vidas. Esas cualidades se manifiestan como talentos y genialidades. Todos nosotros disponemos de un cuerpo causal singular del que podemos atraer nuestros dones individuales.

La cinta de color blanco que desciende desde el corazón de la Presencia YO SOY atravesando el Yo Superior hasta la figura inferior es el cordón cristalino. Es el cordón umbilical o cuerda de salvamento que te ata al Espíritu. Esta corriente de energía espiritual alimenta y mantiene la llama de Dios que se encuentra dentro de tu corazón, la cual es el potencial de tu alma de unirse a Dios.

Dios nos ha amado tanto que ha colocado esa llama en nuestro interior por ser un fragmento de Él mismo al que podemos recurrir. Esa chispa divina es nuestro punto de contacto con Dios.

GRÁFICA DE TU YO DIVINO

«Por este nombre seré invocado»

Dios le dijo a Moisés que explicase a los hijos de Israel que Su nombre era YO SOY EL QUE YO SOY y que el «YO SOY me ha enviado a vosotros». Además, añadió: «Éste es mi nombre para siempre, con él se me recordará por todos los siglos». La Biblia de Jerusalén traduce la última frase así: «por él seré invocado de generación en generación».

Cuando invocamos el nombre del Señor, como los profetas nos indican, empleamos el nombre YO SOY EL QUE YO SOY o simplemente YO SOY. De modo que, al dirigirnos a la Presencia de Dios —que es universal e individual— decimos: «Amada poderosa Presencia YO SOY...».

El protector tubo de luz

El tubo de luz, que aparece en la gráfica de tu Yo Divino, es un cilindro de energía de unos nueve pies (tres metros) de diámetro que te puede proteger de la energía negativa e incluso de peligros físicos. Desciende de la Presencia YO SOY que está encima de ti y se extiende hasta debajo de tus pies.

Cuando te halles en situaciones difíciles, entre ellas cambios climáticos graves, necesitas estar en calma. Quizá sientas miedo, confusión, impotencia, dentro de ti o de otras personas. El tubo de luz puede ayudarte a permanecer centrado y en paz.

Asimismo, el tubo de luz te protege de energías negativas que pueden dirigirse a ti por la rabia, condenación, odio o celos de otra persona. Cuando andas desprotegido, esas vibraciones pueden ponerte irritable o deprimirte y hasta pueden causar accidentes.

Si quieres establecer una luz protectora a tu alrededor, recita la afirmación «Tubo de Luz» tres veces con devoción. Es conveniente hacerlo antes de empezar el día.

Tubo de Luz

Amada y radiante Presencia YO SOY,
séllame ahora en tu tubo de Luz
de llama de Maestro Ascendido
ahora invocada en el nombre de Dios.
Que mantenga libre mi templo aquí
de toda discordia enviada a mí.

YO SOY quien invoca el Fuego Violeta,
para que arda y transmute todo deseo,
persistiendo en nombre de la libertad,
hasta que yo me una a la Llama Violeta.

Cuando recites esta afirmación, visualízate como en la gráfica de tu Yo Divino. Tu Yo Superior está encima de ti. Sobre el Yo Superior está tu Presencia YO SOY, que es la Presencia de Dios contigo.

Contempla y siente una cascada de resplandeciente luz blanca, más brillante que el Sol al reflejarse sobre nieve recién caída, precipitándose desde tu Presencia YO SOY para envolverte. Observa cómo se funde formando un impenetrable muro de luz.

Dentro de esa relumbrante aura de luz blanca, imagínate rodeado de llama violeta, esto es, una energía espiritual de alta frecuencia que transforma la negatividad, tuya o de otra persona, en energía positiva y amorosa.

De vez en cuando, en el transcurso de la jornada, refuerza esa protección espiritual repitiendo la oración del tubo de luz y visualizándote en un tubo de brillante luz blanca.

La llama violeta

Puedes acceder a la energía transformadora de la llama violeta al hacer un mantra, que es una oración corta en voz alta la cual consiste en una palabra o grupo de palabras que se repiten. Invoca un aspecto o cualidad particular de la Divinidad, intensificando así la acción del Espíritu de Dios en el hombre.

Prueba a repetir el siguiente mantra mientras transcurre el día. Cuando recitas éste y otros mantras que invocan la llama violeta, ésta impregna cada célula y átomo de tu cuerpo. Penetra en tu mente, en tus emociones, en tu subconsciente y en tu memoria. Cuanto más frecuentemente repitas esas oraciones, mayor será la energía de llama violeta que acumularás.

¡YO SOY un ser de fuego violeta!
¡YO SOY la pureza que Dios desea!

Al dar este mantra corto, puedes hacer un rápido y poderoso llamado en cualquier circunstancia.

Así pues, en cuanto utilizamos el nombre de Dios, YO SOY EL QUE YO SOY, podemos invocar nuestro tubo de luz y llama violeta para fortalecernos a medida que trabajamos con los elementales.

Reflexiones

1. Menciona dos maneras prácticas de ayudar a los espíritus de la naturaleza en tu vecindario.

2. ¿Qué puedes hacer espiritualmente —por medio de tu Yo Superior y la llama violeta— para ayudar a los elementales y promover el equilibrio planetario?

3. ¿Cuáles son tus reflexiones sobre tu identidad divina?

4. Cuando observes a la Madre naturaleza 'enojada' —un huracán, tornado, incendio, terremoto o riada— párate a pensar qué sentimientos o energía deben de estar reflejando esos fenómenos. ¿Alguna vez has sentido algo parecido en otra persona o grupo de gente, o lo has visto en televisión? ¿Alguna vez lo has visto en ti mismo?

Capítulo 4

Desarrolla una relación dinámica con los elementales

Dar órdenes a los elementales

Jesús ejercía el mando sobre las fuerzas de la naturaleza. Cuando dijo «Calla, enmudece», así sucedió: el viento y las olas cesaron de inmediato su turbulenta actividad.

Mark Prophet poseía asimismo maestría al dirigirse a los elementales. Un verano, mientras él y yo vivíamos en Colorado Springs, hubo una granizada que estaba dañando las plantas de nuestro jardín. Así que Mark y yo fuimos a la capilla a rezar, y él ordenó a los elementales que detuvieran el granizo. Dijo algo así: «En el nombre de mi Presencia Divina, ordeno a los seres de aire, tierra, agua y fuego que detengan este granizo. Que cese en este instante en nombre del Dios viviente».

Los elementales no le hicieron caso en absoluto. Siguió granizando. De modo que Mark levantó la voz, la cual asumió el poder y la autoridad de Dios —se podía sentir el fuego crepitar. Repitió la misma orden con poder, y el granizo paró al instante.

La clave para dominar la tierra es unidad con Dios. No puedes hacer nada al margen de Él. No puedes dirigir Sus energías si tienes orgullo espiritual en tus logros, si miras por encima del hombro a otros seres vivos, si crees que de algún modo estás fuera de la esfera de la conciencia de Dios.

Mark Prophet tenía la percepción, una viva percepción de su unidad con Dios. Con esa conciencia y esa convicción, podía dar órdenes a los elementales como instrumento del poder de Dios. Y con esa conciencia también nosotros podemos invocar el poder de Dios para dar órdenes a los elementales.

Para provecho de la Tierra

Con relación al tema de cómo dar órdenes a los elementales, aconsejo a todos que utilicen estas enseñanzas con prudencia y responsabilidad para provecho de la humanidad y de la Tierra. Me he encontrado con personas que han manipulado la vida elemental por su propia conveniencia o capricho, causando en ocasiones grandes y duraderos perjuicios. Mark Prophet se refirió a ello como un «flagrante abuso de poder» aun cuando a veces «las personas no saben lo que están haciendo».

Mas tenemos una garantía. Es merced a obedecer las leyes de Dios y al amor, señaló Mark, que podemos ayudar a los elementales y a nuestro planeta. Con ello, si nuestra motivación es pura, nuestro trabajo con los elementales puede ser constructivo. Y parte de nuestra motivación pura es el deseo de hacer lo correcto y de complacer a Dios. «Si queremos hacerlo para complacer a Dios —apostilló Mark— Él lo sabe».

Envía intensos amor, agradecimiento, compasión y la sabiduría de la ley a las poderosas salamandras [...]. Son obedientes con los que lo son con respecto a la ley del amor.

JERARCAS DEL ELEMENTO FUEGO

El secreto es el amor

Entender el idioma de la naturaleza

Luther Burbank fue conocido durante su vida como uno de los primeros horticultores de los EE.UU. Desarrolló más de ochocientas nuevas variedades de plantas y tenía una gran sintonía con la naturaleza.

Después de visitar a Burbank, Hellen Keller* escribió en *Outlook for the Blind* (Perspectiva de los ciegos): «Posee el don más extraño: el espíritu receptivo de un niño. Cuando las plantas le hablan, él escucha. Sólo un niño sabio puede entender el idioma de las flores y los árboles».

El santo hindú Yogananda comentó asimismo acerca de una reunión que tuvo con Burbank:

«'El secreto de criar plantas, aparte del conocimiento científico, es el amor'. Luther Burbank pronunció esas palabras de sabiduría al tiempo que paseamos juntos por su jardín en Santa Rosa, California. Nos detuvimos cerca de un lecho de cactus comestibles.

---

* Hellen Keller (1880-1968), autora, activista y oradora estadounidense sordociega. [N. de E.]

»'Mientras dirigía unos experimentos enca-
minados a crear cactus sin espinas —prosiguió— a
menudo hablaba con las plantas para generar una
vibración de amor. No hay nada que debáis te-
mer, solía decirles. No necesitáis vuestras espinas
defensivas. Yo os protegeré. Poco a poco, la útil
planta del desierto fue brotando en una variedad
sin espinas'».

Durante el terremoto de San Francisco del año
1906 casi todos los edificios cercanos a Santa Rosa
quedaron en ruinas. Lo interesante fue que la casa
de Burbank no sufrió daños y ni un solo cristal de
su invernadero se rompió. Si bien hubo quien lo
describió como un milagro, Burbank lo consideró
el trabajo de las fuerzas de la naturaleza, las cuales
no deseaban ver sus experimentos interrumpidos.

Hermanos y hermanas de la Naturaleza

Francisco de Asís, uno de los más amados santos de todos los tiempos, honraba la vida con el gran amor que profesaba por toda la naturaleza. Nació en una acaudalada familia de comerciantes hacia el año 1181 o 1182 en la villa de Asisi, Italia. De joven, Francisco poseía una mundanalidad y un entusiasmo por la vida que hicieron de él el preferido entre sus compañeros. Más tarde, después de los veinte años de edad, abrazó una vida de pobreza, sirviendo a los enfermos y predicando. Su sencillo y sincero mensaje conmovió a las personas en el fondo del corazón.

Los artistas suelen pintar a Francisco rodeado de pájaros y de otros animales, pues él vio la presencia de Dios en la naturaleza y sentía profundo amor y respeto por todas las criaturas. Todos los seres que han sido creados, decía, son nuestros hermanos y hermanas porque todos tenemos el mismo Padre.

Relatos de antaño cuentan que cuando Francisco predicaba, los pájaros le rodeaban y permanecían quietos hasta que finalizaba el sermón.

Atraía a otras criaturas también. Se preocupaba por ellas y alentaba a los demás a hacer lo mismo. Se decía de Francisco que se deleitaba conversando con «flores silvestres, con un manantial cristalino y con el fuego acogedor», y dando la bienvenida al sol naciente.

Gustaba de cantar canciones populares al igual que sus propias alabanzas improvisadas. Llegando al final de su vida, compuso su «Cántico del Sol» que alababa al Creador y a Su creación.

Fragmento del Cántico del Sol

Loado seas, mi Señor, con todas tus criaturas, especialmente el señor hermano sol, el cual es día, y por el cual nos alumbras. Y él es bello y radiante con gran esplendor; de ti, Altísimo, lleva significación.

Loado seas, mi Señor, por la hermana Luna y las estrellas, en el cielo las has formado luminosas y preciosas y bellas.

Loado seas, mi Señor, por el hermano viento y por el aire y el nublado y el sereno y todo tiempo, por el cual a tus criaturas das sustento.

Loado seas, mi Señor, por la hermana agua, tan útil, humilde, preciada y pura.

Loado seas, mi Señor, por el hermano fuego, por el cual alumbras la noche, y él es bello y alegre y robusto y fuerte.

Loado seas, mi Señor, por nuestra hermana la madre tierra, la cual nos sustenta y gobierna, y produce diversos frutos con coloridas flores y hierba.

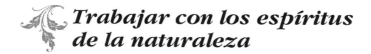Trabajar con los espíritus de la naturaleza

Aprender a trabajar con los espíritus de la naturaleza es como cualquier otro aprendizaje: requiere práctica. Intenta dedicarle un rato cada día, aunque sean diez minutos. Ofréceles oraciones de llama violeta. Regálales el amor de tu corazón. Dar regularmente a los espíritus de la naturaleza genera confianza. Es algo parecido a alimentar a los pájaros: una vez aprenden que vas a estar allí cada día, que les vas a proporcionar comida, seguirán viniendo.

Cuando trabajas con los elementales, de alguna forma se asemeja a trabajar con niños. Y cuanto más entiendas a los niños, más entenderás a los elementales. Éstos ven a través de las personas igual que los niños. Perciben las motivaciones ocultas de la gente. Se dan cuenta de cuándo alguien les está manipulando por orgullo o ambición. Están al servicio de los puros de corazón, y por eso a menudo se encuentran alrededor de los niños.

Tal vez decidas cultivar en tu interior cualidades infantiles, como la pureza de corazón, de manera que los elementales confíen en ti, y gracias a la sintonía con tu Yo Superior podrás enseñarles y trabajar con ellos por el bien, para restablecer la armonía y el equilibrio en el planeta.

La cooperación consciente con la vida elemental requiere una reeducación del corazón de ambos: de los niños de Dios y de los infantiles elementales.

JERARCAS DEL ELEMENTO FUEGO

Claves para trabajar con los elementales

1. Haz una petición en nombre de tu Yo Superior.

2. Da órdenes a los elementales en nombre de los jerarcas que les guían y dirigen. Éstos son Virgo y Pelleur, que dirigen a los gnomos, Aries y Thor a los silfos, Orómasis y Diana a las salamandras, y Neptuno y Luara a las ondinas. Siempre dales órdenes con amor y en un estado de sintonía con tu Yo Superior. Si tienes miedo, rabia o cualquier otra vibración exenta de armonía, antes haz el trabajo espiritual que te permita estar centrado.

3. Dedica tiempo a trabajar con los elementales cada día. Desarrolla una relación activa y constante con ellos. Asígnales tareas.

4. Pide en todo momento que se haga la voluntad de Dios. Independientemente de cuál sea la situación, es siempre más

prudente pedir a los arcángeles y a los jerarcas de los elementos que la controlen. Tú puedes ordenar a los elementales que sigan las indicaciones de sus jerarcas.

Intenta conocer a los elementales. Puede serte especialmente de ayuda si tienes miedo o ansiedad por los desastres climáticos o naturales. Relaciónate con aquéllos, háblales. Puedes enseñarles a dar oraciones a la llama violeta. Yo he llamado a los elementales, les he pedido que se sentaran conmigo y les he enseñado decretos sencillos de llama violeta, como lo habría hecho con un grupo de niños. (Véanse págs. 118-120 para una explicación de los decretos.)

Cuando estableces una relación ininterrumpida con la vida elemental, cuando adquieres el hábito de llamar a sus jerarcas, tienes menos probabilidades de sentirte como si alguna vez, en algún lugar, te hubieras visto inmerso en alguna forma de cataclismo. Antes bien, ganas confianza en tu relación con la naturaleza.

La práctica nos hace diestros

Como sucede con todas las cosas, la práctica nos hace diestros. Así que, tu práctica con la vida elemental —enviando el poder de la paz desde el corazón, dando la orden, brindando amor, reuniendo a los elementales a tu servicio, invocando a los jerarcas— será recompensada.

Te aseguro que hace falta tiempo para que los elementales, al igual que el reino animal atemorizado por la humanidad, se acostumbren a la idea de que los hijos de Dios encarnados no les harán ningún daño, tan sólo harán la voluntad de Dios [...].

Así, poco a poco, casi con cierta timidez, descubrirás a las salamandras, los gnomos, las ondinas y los silfos siguiéndote como si fueran un poderoso ejército.

ELOHIM DEL QUINTO RAYO

Reflexiones

1. No es necesario que veas a los espíritus de la naturaleza para desarrollar una relación con ellos. Una buena forma de empezar a cultivar esa relación es contemplar con gratitud el aire que respiras, al agua que bebes, el calor del sol y la firmeza de la tierra que pisas. ¿Qué podrías hacer para mejorar tu relación con la vida elemental?

2. ¿Qué podrías hacer para desarrollar una sensación de confianza mutua y respeto para con los elementales?

Capítulo 5

Qué hacer en caso de emergencia

 *Incendios*

Muchos años atrás, cuando estábamos en Idaho (EE.UU.), un grupo de trabajadores iniciaron, por accidente, un incendio en nuestras tierras, mientras quemaban basuras. Ese verano fue excepcionalmente seco, de manera que las llamas se extendieron por el terreno a toda velocidad.

Di la orden a las ígneas salamandras de volverse hacia atrás de manera que el fuego retrocediera sobre sí mismo y pudiera ser contenido. Además, di el decreto «Revierte la marea» (véase pág. 151). A medida que iba recitando el decreto, los elementales obedecían y el fuego se retiraba. Pero tan pronto paraba, el fuego avanzaba de nuevo.

A partir de esa experiencia logré entender mucho más el carácter de los elementales de fuego y dar órdenes a las fuerzas de la naturaleza. Reconocí que los elementales sienten un profundo respeto por los hijos e hijas de Dios, por sus jerarcas y otros seres celestiales a quienes invocamos por medio de nuestras oraciones.

Y aun cuando los elementales tratan de ser obedientes, en ocasiones quedan atrapados en torbellinos de viento. Al ser sacudidos y zarandeados, pueden verse dominados y envueltos en vientos y fuegos que causan estragos. Asimismo, pueden convertirse en víctimas de fuerzas que intencionalmente les manipulen.

A causa de su temperamento, el trabajo con los elementales requiere fina percepción y equilibrio. Si gozan de demasiada libertad, se te escapan de la mano. Pero si se encuentran demasiado limitados, no pueden hacer su trabajo.

Por tanto, llama a los Elohim* y a los ángeles de protección para que liberen a los elementales allá donde necesiten ser liberados y que los retornen al control y dirección divinos de sus jerarcas. A continuación, entrega tus llamados a la voluntad de Dios.

---

*Para más información sobre los Elohim, véase la pág. 123.

Estrategias prácticas en caso de incendio

1. Asegúrate de cobijarte en un lugar seguro.

2. Avisa a los bomberos y haz lo necesario.

3. Invoca al arcángel Miguel*, el gran ángel de la protección, y a sus ángeles del relámpago azul para que liberen a las salamandras. Pide a Miguel y a sus ángeles que liberen a esos elementales de fuego de las fuerzas y cargas de energías negativas y de torbellinos físicos de viento y de fuego.

4. Reza a los jerarcas del elemento fuego —Orómasis y Diana— para que recuperen el control de las salamandras y las dirijan a contener el fuego.

---

*Para más información sobre el arcángel Miguel, véanse págs. 147-150.

5. Reza a los jerarcas del elemento aire —Aries y Thor— para que lleven los vientos en la dirección que hará que el fuego retroceda sobre sí mismo.

6. Pide al arcángel Miguel la protección de los bomberos, así como de vidas y propiedades de quienes puedan hallarse en el recorrido del fuego.

7. En caso de incendios forestales de mayores proporciones, averigua qué fenómenos meteorológicos serían más beneficiosos para luchar contra el fuego y atraer lluvia. Pide a los silfos y a las ondinas que manifiesten esos fenómenos y traigan lluvia o nieve, según sea más apropiado, con el fin de apagar el incendio.

8. Ofrece oraciones y decretos para paliar la situación, incorporando las oraciones por los elementales de las págs. 103-108.

9. Recuerda pedir que tus llamados se ajusten a la voluntad de Dios.

 *Huracanes*

Cada año hay huracanes que azotan las costas del Golfo y atlántica de Norteamérica. Esas tormentas se originan como perturbaciones tropicales en el océano Atlántico desde las costas de África. Los vientos alisios arrastran las tormentas por el océano Atlántico en dirección oeste, y éstas reúnen más energía en el Caribe y en el Golfo de México.

Desde una óptica espiritual, los huracanes pueden derivar de focos de odio producidos por quienes practican vudú y magia negra en sus ceremonias. Los elementales atrapados en los torbellinos de esa energía mal utilizada crean los huracanes. Cuando ello ocurre, no estamos únicamente tratando con el efecto del huracán en sí, sino con tremendas fuerzas de odio u otras energías negativas.

De todas formas, los abusos con la energía, incluidos los focos de odio, no son la única causa de los huracanes y los tornados. Otro factor es el retorno del karma de la humanidad. Como se ha mencionado previamente, una de las principales maneras de expiar karma es por medio de las fuerzas de los elementales, los cuales cargan con la negatividad de la humanidad. Cuando ya no pueden seguir llevando ese peso, se despojan de él, cosa que suele desembocar en desastres naturales y cataclismos.

Así pues, al ocuparse de tormentas violentas y de otras formas de cataclismo, es de capital importancia pedir que interceda la voluntad de Dios, pues no sabemos si es necesario que la humanidad experimente de algún modo el retorno de esa energía con el fin de resolver su karma.

Por tanto, pedimos la voluntad de Dios y también, misericordia. Además, pedimos que se eliminen las fuerzas de la oscuridad. No obstante, tal vez el huracán u otro desastre natural se desaten de todos modos. Si así sucede, debemos recordar que los seres celestiales no pueden inmiscuirse en el hombre y su karma.

Hacemos todo lo posible para salvaguardarnos y protegernos tanto en el ámbito físico como en el espiritual. Hacemos los llamados que sabemos hacer. Y luego decimos: «Que se haga Tu voluntad».

Estrategias prácticas en caso de huracán

1. Si estás en un lugar amenazado directamente por un huracán, realiza los preparativos físicos precisos, incluida la evacuación si es necesaria. Desarrolla un plan familiar para que todos los miembros sepan qué hacer si se ven golpeados por un desastre mientras algunos de ellos se encuentran en lugares apartados.

2. Si la zona donde estás se halla en peligro inmediato por la llegada de un huracán, tu prioridad número uno es ponerte a salvo. Después, dirige a los elementales, a sus jerarcas y a otros seres celestiales para que le corten el paso.

3. Pide a los Elohim y al arcángel Miguel y sus ángeles de relámpago azul que coloquen una esfera azul en torno al huracán y su torbellino de energía, y a que lo desvíen a una zona donde no sea destructivo para con la vida. Invoca a esos seres para que liberen

a los silfos y las ondinas de las energías de odio y magia negra que han recaído sobre ellos.

4. Manda a los silfos a colocarse bajo la autoridad de sus jerarcas, Aries y Thor, y a las ondinas, bajo la de los suyos, Neptuno y Luara. Pide a los jerarcas que ejerzan el dominio sobre los elementales, incluidos los que están aprisionados o atrapados, así como sobre el torbellino de negatividad en el que se han enredado.

5. Envía llama violeta a los elementales para que transmuten las cargas de la energía de la humanidad que ellos portan.

6. Invoca al arcángel Miguel para que proteja la vida y las propiedades de aquéllos que se encuentren en la senda del huracán.

7. Ofrece tus oraciones y decretos para la situación, incluidas las oraciones a favor de los silfos y las ondinas, que encontrarás en las páginas 105-107.

8. Acuérdate de solicitar que tus peticiones se ajusten a la voluntad de Dios.

Un huracán regresó al mar

Un día, Mark Prophet recibió una llamada telefónica de unas señoras de Wilmington, Carolina del Norte (EE.UU.), quienes le explicaron que un huracán se aproximaba a la zona donde vivían. Las noticias pronosticaban un huracán devastador que haría estragos en la zona.

Mark se puso manos a la obra enseguida e hizo potentes llamados a Dios y a los seres elementales. Más tarde, oímos en las noticias que en lugar de tocar tierra, el huracán se volteó totalmente y se dirigió hacia el mar.

El departamento del tiempo señaló que en toda su historia de trazar el recorrido de huracanes, ¡nunca habían visto algo así! Los huracanes no se dan la vuelta y vuelven al mar como si nada. ¡Pero éste sí lo hizo! El gran amor que Mark envió a los elementales los aplacó lo suficiente como para que pudieran echarse de nuevo las cargas sobre sus hombros.

El huracán Flossie

El verano pasado regresábamos de nuestras vacaciones cuando nos enteramos de que Flossie, un huracán de categoría cuatro, se agitaba en el Pacífico en dirección a Big Island (la Gran Isla) de Hawái. Las advertencias de tormentas ya estaban anunciadas, y se esperaba el paso de Flossie en un radio de doscientas millas (322 km.) al sur de la isla durante la tarde del día siguiente. Se trataba del primer huracán importante que amenazaba Hawái desde que el huracán Iniki —también de categoría cuatro— impactara Kauái en 1992, dejando unos daños valorados en 25.000 millones de dólares.

Antes de salir a repostar baterías, agua embotellada y comida enlatada, inicié mi sesión de oraciones y decretos para los elementales implicados en la tormenta y para que ésta se disipara de manera que ni personas ni propiedades sufrieran daños. Asimismo, invité a los elementales a que decretaran conmigo. Entretanto, nos preparamos para los fuertes vientos, lluvia y resaca que se esperaban.

Durante esa noche y el día siguiente, mientras Flossie proseguía su andadura con vientos de 145 millas (233 km.) por hora, me mantuve alerta. Cuando el feroz huracán sopló a 160 millas (258 km.) al sur de la isla, hizo un ruido sibilante y comenzó a disiparse. Las advertencias de tormenta se dieron por terminadas y no cayó ni una gota de lluvia. Las brisas eran suaves y la resaca se calmó. Una lluvia tropical que pasó una semana antes, mientras estábamos de vacaciones —y no rezando específicamente para los elementales ni para la tormenta— habían dejado más daños que Flossie.

Sequía e inundaciones

Muchos lugares del mundo padecen crisis de agua hoy día. El agua representa y refleja el cuerpo emocional de la humanidad, incluyendo sus deseos. Una acumulación de los erróneos deseos colectivos de la humanidad puede generar un desequilibrio en las fuerzas de la naturaleza, manifestándose en algún momento en sequía o inundaciones.

La sequía es también una señal de que los hombres no son capaces de recibir lo que emana del Espíritu. La vida elemental está en sintonía con el Espíritu, el Espíritu Santo. De manera que cuando en un territorio el Espíritu se halla ausente, no existe ningún imán, por mediación de los elementales, para el equilibrio de las fuerzas de la naturaleza.

Las inundaciones y las lluvias perjudiciales ocurren por muchas razones. Al igual que otros cambios climáticos graves, constituyen una forma mediante la cual una cierta cantidad de karma planetario o de grupo retorna a una determinada zona. Las condiciones que giran en torno a una inundación pueden representar un modo de limpiar las energías o fuerzas negativas. Otras causas podrían ser una amplia acumulación de deseos destructivos y oraciones malintencionadas que, a la larga, rebosan a modo de inundación física. Las predicciones de cataclismos también pueden influir en los acontecimientos suscitando miedo.

Pese a ello, es posible mitigar las condiciones que causan cataclismos y restablecer el equilibrio. A este propósito, la llama violeta es fundamental. Las personas que recitan la llama violeta con gran celo e intensidad, alegría y amor, a menudo logran muchas cosas en su vida y obtienen muchas victorias. Y tal vez ni siquiera se den cuenta de cuánto han evitado al invocar esa llama del Espíritu.

Cada vez que invoques la llama violeta, estás contribuyendo a liberarte a ti mismo y a liberar al planeta. Estás ayudando a invalidar las circunstancias que pueden causar sequía, inundaciones y otros desastres. Estás trabajando con elementales que pueden acudir en misión de rescate y restablecer el equilibrio en la naturaleza.

Estrategias prácticas en caso de sequía o inundaciones

1. Envía tu amor y gratitud a los elementales y desarrolla una relación de trabajo con ellos.

2. Envía llama violeta en abundancia a los elementales para transmutar las energías del karma de la humanidad que ellos llevan.

3. Envía llama violeta a las personas de la zona afectada para que abran su corazón a la luz del Espíritu.

4. En caso de sequía, averigua qué fenómenos meteorológicos traerán lluvia o nieve a la zona afectada. (Por ejemplo, en la parte septentrional de las Montañas Rocosas en los EE.UU., el aire cálido y húmedo del océano

Pacífico al topar con una masa de aire frío del Ártico podría producir lluvia o nieve.) Envía la forma de pensamiento de un modelo de tiempo beneficioso a los elementales y pídeles que lo manifiesten físicamente.

5. Vigila tus propios pensamientos acerca del tiempo. Solemos pensar que los días soleados son «buen tiempo» y los lluviosos, «mal tiempo». Esos mensajes subconscientes influyen a los elementales. Envíales elogios y gratitud cuando llueva, y no sólo cuando haga sol.

6. Ofrece tus oraciones y decretos para la situación, incluidas oraciones a favor de las ondinas y los silfos que encontrarás en las páginas 107-109.

7. Somete tus oraciones a la voluntad de Dios.

¿Un exceso?

La siguiente historia muestra cómo los llamados a los elementales pueden afectar al tiempo, en este caso gracias a las fervientes oraciones de los niños.

Mi hijo y yo íbamos de camino a casa de mi madre, situada en un pueblecito agrícola del mediooeste de los EE.UU. Con nosotros iban mi sobrino y mis dos sobrinas. Decidieron que querían que hubiera una gran tempestad de lluvia para poder jugar en ella. Su madre era muy protectora y estricta, y no les permitía tales cosas. Mas ellos sabían que tanto su abuela como yo pensábamos que era una forma inofensiva de diversión.

Los niños me preguntaron: «Si rezamos a los elementales, ¿harán que llueva?».

Les conté acerca de las leyes de Dios y que los agricultores estaban cortando heno y lo necesitaban seco. No podíamos echar a perder la cosecha de heno sólo para poder jugar en la lluvia.

Así que se empeñaron en hacer la oración correcta y pidieron a los silfos y a las ondinas, una y otra vez, en nombre de Dios y de acuerdo a Su voluntad, que hicieran llover en el pueblo de manera que no interfiriera en la cosecha. «Y, por favor, ¿podría ser una tormenta de verdad —pidieron— con mucha agua?»

Al acercarnos al pueblo, de un cielo azul y claro salieron nubes y llovió a cántaros en un área de seis manzanas (bloques de casas). La lluvia se precipitó por las calles frente a la casa ¡como si fuera un río! ¡Los niños estaban extáticos!

El relámpago fue horroroso, y la intensa lluvia daba miedo. Mi sobrino, con los ojos bien abiertos, dijo: «Tía Ellen, ¿tú crees que nos hemos excedido?».

Lo pasamos en grande rodando en la turbia agua, y se mostraron muy satisfechos con el experimento. La extraña e inesperada tormenta salió en las noticias y en todos los periódicos. ¡Y el corte de heno no quedó afectado en absoluto!

Terremotos

Científicos y videntes han pronosticado terremotos y otros cambios terrestres en las costas oriental y occidental de los EE.UU. y en otros lugares del planeta. Sin embargo, los cambios violentos en la Tierra no son necesarios. Con un uso constante de la llama violeta podemos transmutar y mitigar nuestro karma y mitigar potenciales cambios violentos. Como Saint Germain ha dicho, la naturaleza siempre prefiere la manera más suave.

No obstante, cuando la vida elemental ya no puede seguir las crecientes imposiciones de la humanidad sobre el cuerpo terrestre, cataclismo y terremotos repentinos pueden tornarse necesarios. Cuanta más llama violeta invoquemos para nosotros y enviemos a la Tierra, menos intensos serán cualesquiera cambios que puedan acontecer al planeta.

Mi sintonía con la vida elemental y mi comunión interna con Dios me muestran que cuando los terremotos, huracanes, ciclones y tornados son kármicos, las acciones liberadas por medio de la vida elemental son científicamente precisas. Una casa se derrumba, y la de al lado permanece intacta. Ninguna consecuencia o resultado es fruto de la casualidad: ambos reflejan el karma. La vida elemental es del todo exacta, hasta la última hoja y grano de arena.

Los científicos estudian el mundo físico de los efectos y descubren causas relacionadas con placas tectónicas, tensiones en la masa terrestre y otras circunstancias que pueden proporcionar explicaciones para los terremotos. Pero aquéllas tan sólo son el medio por el que los ciclos del karma se exteriorizan.

Sin embargo, gracias a la llama violeta contamos con la oportunidad, día tras día, de detener las espirales de un cataclismo inminente y revertir sus predicciones, puesto que es posible incluso revertir las más terribles predicciones de cataclismo con la acción de la llama violeta.

Estrategias prácticas en caso de terremoto

1. Envía llama violeta a los gnomos y al interior de la Tierra para transmutar los registros de oscuridad y las cargas que recaen sobre los elementales.

2. Invoca al arcángel Miguel y a sus legiones para que salvaguarden toda la vida elemental y la sellen en la obediencia a la voluntad de Dios.

3. Cuando muchas personas ponen su atención en las predicciones de terremotos —ya provengan de científicos o de videntes— las formas de pensamiento que emanan de su conciencia pueden causar trastornos en la naturaleza. Pide en tus llamados que los elementales sean sellados y protegidos de proyecciones de pensamientos y sentimientos negativos, incluido el miedo.

4. Vigila tus pensamientos y sentimientos. No te dejes atrapar en la conciencia de las masas o en temores a predicciones sobre terremotos u otros cataclismos.

5. Mantente en sintonía con tu Yo Superior y con los ángeles, de modo que te hagas receptivo a su

orientación y te descubras alejado de cualquier daño.

6. Si se ha producido un terremoto, haz llamados para el consuelo, la curación y la protección de los damnificados. Y pide la protección de todos los trabajadores en misiones de limpieza y rescate. Envía llama violeta para limpiar los residuos tóxicos y productos químicos que se hayan liberado.

7. Invoca a los jerarcas de los gnomos —Virgo y Pelleur— para que asuman el control de esos espíritus de la naturaleza y los dirijan conforme a la voluntad de Dios.

8. Los terremotos pueden causar incendios, fugas de gas o de agua e interrupciones en el suministro eléctrico y telefónico. Por ello, pide a los jerarcas de todos los elementos que asuman el control de los espíritus de la naturaleza y de la situación. Pídeles que irradien la máxima cantidad de misericordia permitida por las leyes de Dios y por el karma de los implicados.

9. Ofrece tus oraciones y decretos para la situación, incluidas las oraciones por los elementales que leerás en las páginas 105-109.

10. Pide que tus peticiones se ajusten a la voluntad de Dios.

Reflexiones

1. Con actitud positiva y práctica a la vez, ¿qué podrías hacer a fin de prepararte para los específicos tipos de cambio climático que pudieran ocurrir donde tú vives?

2. Teniendo en cuenta los problemas potenciales de la zona donde vives, ¿qué estrategias prácticas aplicarías?

3. Piensa en qué plan seguirías para tu familia en diversos supuestos de desastres naturales. Asegúrate de que todos los miembros entiendan el plan.

Capítulo 6

Una puerta abierta a la ayuda celestial

Oraciones para los elementales

Antes de hacer los decretos, puedes ofrecer una oración de apertura o inicio —llamada preámbulo— por los elementales en particular por quienes vas a rezar. Puedes invocar a los jerarcas de esos elementales y a otros seres celestiales cuya ayuda necesites. Puedes, además, incluir tus peticiones personales para la situación que te ocupa. Ello abrirá la puerta a la ayuda celestial y multiplicará la eficacia y el poder de tus decretos y afirmaciones.

Oración por los gnomos

En el nombre de mi poderosa Presencia YO SOY y mi Yo Superior, pido que la energía de mis oraciones se use para elevar la vida en la Tierra. Llamo a los jerarcas del elemento tierra, Virgo y Pelleur, para que liberen a los gnomos de la carga de la inhumanidad del hombre para con el hombre y para con la vida elemental. Liberad a los gnomos de la estridente discordia producida por las hostilidades de la humanidad: las internas de cada individuo y las existentes entre los pueblos.

Amados maestros de la llama violeta, enviad océanos de llama violeta para limpiar toda la contaminación que recae sobre el cuerpo terrestre. Limpiad todos los efluvios industriales y todos los residuos tóxicos y nucleares.

Pido que se obligue a todas las industrias a procesar correctamente sus residuos, incluyendo fabricación de automóviles, fabricación y procesamiento de productos químicos, suministros eléctricos, electrónica, productos forestales, productos sanitarios, fabricación de metal, aceite y petróleo, productos farmacéuticos y de imprenta.

Acelerad a la humanidad con la sabiduría y el entendimiento de vivir en armonía con la tierra. Liberad los inventos que necesitamos para restablecer el equilibrio y mantener nuestro planeta como un ecosistema lleno de vitalidad y abundancia. Que sea de acuerdo a la voluntad de Dios.

Oración por los silfos

En el nombre de mi poderosa presencia
YO SOY y mi Yo Superior, pido que la energía
pura del Sol limpie la atmósfera y cada célula
de vida. Intensificad la energía del Espíritu que
es el verdadero aliento de vida del alma. Que
sane a los silfos y a toda vida en la Tierra. Que
el aire se torne la destilada conciencia prístina
de los silfos.

Ángeles de la llama violeta, limpiad de
cualquier forma de contaminación el aire de
las grandes ciudades y otras zonas del mundo
antes de que contamine el agua o la tierra. Re-
cargad el aire de todo el planeta con la esencia
purificada de la llama violeta.

Amados jerarcas del elemento aire, Aries
y Thor, ejerced potestad sobre todos los silfos.
Amadas huestes celestiales, liberad a favor de
la humanidad los inventos necesarios para
purificar el aire de toda sustancia perjudicial,
incluidos tubos de escape de automóviles y
humos tóxicos, así como emisiones de fábricas
y otros procesos industriales. Inspirad a la humanidad con la sabiduría y el entendimiento
de utilizar fuentes y tecnología de energía
limpia.

Pido que se libere a todos los silfos (que imitan los pensamientos y las imágenes mentales de la humanidad) del odio y las creaciones de éste. Liberad a los silfos de esos campos energéticos antes de que se exterioricen en forma de tormentas, ciclones y tornados violentos. Que sea de acuerdo a la voluntad de Dios.

Oración por las ondinas

En el nombre de mi poderosa Presencia YO SOY y mi Yo Superior, llamo a los jerarcas del elemento agua, Neptuno y Luara, para que ejerzan potestad sobre las ondinas. Pido a las legiones de ángeles de llama violeta que purifiquen el inconsciente colectivo de la humanidad. Transmutad todo lo que contamina el cuerpo emocional de la humanidad y las aguas del planeta Tierra.

Restableced el flujo natural del fuego del Espíritu hacia los mares. Aligerad el peso de las emociones negativas de la humanidad que llevan las ondinas. Proteged a las preciosas ballenas para que puedan continuar transmitiendo luz cósmica y rayos cósmicos a toda la vida en la Tierra.

Emitid llama violeta para limpiar todas las emanaciones de fábricas, refinerías y plantas de procesamiento de residuos; todos los residuos industriales, fertilizantes, pesticidas y petróleo sin emisiones; todas las emisiones gaseosas de autos y fábricas que contaminan las aguas cuando la lluvia las trae.

Restableced el equilibrio de todos los ecosistemas de ríos y lagos para que puedan, una vez más, respaldar una total diversidad biológica. Revertid el daño causado a los bosques por la deforestación y la lluvia ácida. Purificad el agua potable de la tierra para mantener el equilibrio del elemento agua en el cuerpo de los hombres. Que se haga de acuerdo a la voluntad de Dios.

Oración por las salamandras

En el nombre de mi poderosa Presencia YO SOY y mi Yo Superior, invoco la llama violeta para que consuma todas las sustancias radiactivas que han sido un peso para las salamandras y para la tierra debido a los usos irresponsables de la energía nuclear.

Llamo al arcángel Miguel y a las legiones de ángeles de llama azul para que liberen a las ígneas salamandras y a todos los elementales de ser manipulados por aquéllos que practican las artes oscuras. Liberad a los elementales de torbellinos de energía negativa en los que han quedado atrapados.

Pido a los jerarcas del elemento fuego, Orómasis y Diana, que ejerzan potestad sobre las ígneas salamandras y contengan todos los fuegos descontrolados y destructivos. En el nombre de mi Presencia YO SOY y Yo Superior, ordeno a los elementales que sometan esos incendios al control divino.

Y pido a las salamandras que se repolaricen y realineen con respecto a la santa voluntad de Dios. Que así sea de acuerdo a la voluntad de Dios.

Oración por los elementales

En el nombre de mi poderosa Presencia YO SOY y mi Yo Superior, pido que se transmuten todas las cargas que recaen sobre la vida elemental debido a la discordia humana y egoísmo que se manifiesta en cada nivel del ser.

Invoco a los Elohim para que confieran a cada elemental la imagen y la visión divinas de la era dorada que ha de llegar, de modo que cada elemental pueda sostener el patrón de la forma perfecta en la Tierra. Que la Tierra quede sellada en el modelo de perfección y en la forma de pensamiento curativa. Que se haga de acuerdo a la voluntad de Dios.

Recargad los cuatro elementos con la llama violeta

En el nombre del YO SOY ES QUE YO SOY, invoco la acción intensa de la llama violeta transmutadora alrededor de cada salamandra, silfo, ondina y gnomo. Saturad hoy los cuatro elementos —fuego, aire, agua y tierra— con llama violeta.

Consumid la causa y el núcleo del karma de la humanidad con que pechan los espíritus de la naturaleza. Transmutad los venenos y toxinas —a niveles físico, emocional, mental y etérico— que contaminan nuestra Tierra.

Impregnad de llama violeta la Tierra, las aguas, la atmósfera y hasta el núcleo de fuego en cada átomo de vida. Que así sea de acuerdo a la santa voluntad de Dios.

Sanad a millones de elementales

En el nombre de mi poderosa Presencia YO SOY y mi Yo Superior, y con el amor, sabiduría y poder de la llama de mi corazón, invoco la acción de la transmutación por medio del fuego de mi ser, multiplicada con la llama violeta. Invoco esta acción por toda la vida elemental.

¡Pido que esa porción de la llama que invoco y todo lo que YO SOY vaya ahora a curar millones de millones de elementales en la Tierra! Dedico mi corriente de vida a la liberación de toda la vida elemental. Y acepto que se cumpla en este momento con pleno poder de acuerdo a la voluntad de Dios, amén.

Reflexiones

1. Piensa en una situación a favor de la cual podrías hacer oraciones a los espíritus de la naturaleza. Puede tratarse de un problema climático concreto en la zona donde vives o quizás un fenómeno meteorológico crítico que se cierna sobre el otro extremo de tu país o del mundo. Si lo deseas, crea tu propia oración para los elementales que se hallan envueltos en la situación.

2. ¿Cómo podrías encontrar algo de tiempo cada día para dedicarlo a los espíritus de la naturaleza y a la Tierra?

Capítulo 7

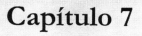

La clave para mitigar el karma

 *La llama violeta*

L a llama violeta es uno de los métodos más efectivos a nuestro alcance para contribuir a aliviar las cargas de los espíritus de la naturaleza. Tanto a nivel microcósmico como macrocósmico, constituye una clave fundamental en lo que se refiere a transmutación individual y planetaria.

De igual modo que un rayo del sol al atravesar un prisma se refracta en siete colores del arco iris, la luz espiritual se manifiesta en siete rayos. Cada uno de éstos posee un color, una frecuencia y una cualidad concretos de la conciencia de Dios.

La llama violeta es el séptimo rayo. Cuando la invocas en el nombre de Dios con una oración o decreto, desciende en forma de energía espiritual revestida de las cualidades de misericordia, perdón, justicia, alegría, libertad y transmutación.

En cuanto comiences a utilizar la llama violeta, sentirás alegría, ligereza, esperanza, y tendrás una sensación renovada de la vida, como si las nubes de la depresión quedaran disueltas gracias al sol de tu propio ser [...].

La llama violeta perdona porque libera, consume porque transmuta, limpia los registros de karma del pasado (equilibrando con ello tus deudas con la vida), iguala el flujo de energía entre tú y otras corrientes de vida, y te propulsa hacia los brazos del Dios viviente.

EL MORYA KHAN

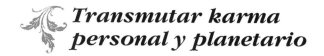 Transmutar karma personal y planetario

Cuando el karma de un grupo grande regresa en masa, puede tener consecuencias a gran escala, como serían cambios en las condiciones climáticas, fenómenos meteorológicos extremos, cataclismo y cambios en la Tierra. Por medio de trastornos periódicos en la naturaleza, se restablece el equilibrio de los cuatro elementos y se limpia, purifica y realinea el planeta.

Sin embargo, esos retornos kármicos pueden ser desastrosos. Es preferible que el karma se transmute antes de volverse físico. La llama violeta puede mitigar o transmutar la acumulación de karma humano antes de que éste alcance el plano físico. Además, al trabajar con la llama violeta para transmutar karma grupal, también puedes transmutar tu propio karma personal. El maestro Saint Germain lo expresó con estas palabras:

«Cada día, a medida que los porcentajes de karma van atravesando la llama violeta y tú ratificas la transmutación por medio de buenos actos, palabras y obras de amor y servicio, estás aligerando la carga y por tanto elevándote a nuevos planos de comprensión, nuevas asociaciones [...]. Cuanto menos karma tengas, mayor será tu oportunidad día tras día.»

Vemos, pues, que los decretos a la llama violeta pueden transmutar y suavizar nuestras cargas kármicas del presente así como la acumulación de karma del pasado. De hecho, la llama violeta puede transmutar cualquier energía negativa que haya en nuestro ámbito personal, y puede producir cambios positivos a nivel individual y en todos los aspectos de la vida humana. Al transmutar el karma personal y el planetario, las cargas que llevan los elementales se tornan más ligeras, y éstos pueden mantener más fácilmente el equilibrio en la Tierra sin que se produzcan cambios catastróficos.

El poder de la Palabra hablada

Los decretos son poderosas oraciones que se hacen en voz alta con un tono rítmico o dinámico. Constituyen fórmulas elaboradas cuidadosamente, afirmaciones positivas que emplean el nombre de Dios, YO SOY EL QUE YO SOY. Cuando decretamos, estamos dirigiendo el flujo de energía desde el Espíritu hasta la materia para operar transformaciones personales y planetarias. No estamos únicamente pidiendo ayuda: estamos estableciendo una relación dinámica e interactiva de socios con nuestro Dios Padre/Madre.

Una clave en cuanto al poder de los decretos y mantras es infundirlos de devoción. Hacer decretos con amor puede cambiar nuestra vida y el mundo que nos rodea. La devoción atrae la presencia de ángeles y de otros seres celestiales, y abre la puerta a reinos espirituales más elevados.

Cuando decretamos, invocamos a Dios llamando a nuestra Presencia YO SOY y Yo Superior. Así es cómo nos conectamos con nuestro pleno potencial divino.

Antes de comenzar un decreto, ofrece una oración personal solicitando la ayuda concreta que precisas. Invita a los elementales a decretar contigo y a ayudarte a limpiar tu aura y el planeta con la llama violeta. Termina sometiendo tus oraciones a la voluntad de Dios.

El cuerpo o parte principal de un decreto puede repetirse tantas veces como se quiera para aumentar su eficacia. Cuantas más veces digas un decreto, más luz atraerás a la situación por la que estás rezando.

Siempre que hagas un llamado a la llama violeta, ésta empezará al instante a eliminar las partículas de sustancia densa que haya dentro de ti, sustancia que ha rellenado incluso los espacios existentes entre los electrones y los núcleos de los átomos. La llama violeta renueva tu mente y tu cuerpo. También tu alma, puliendo la joya de la conciencia.

Cuando utilizan la llama violeta, con frecuencia las personas perciben una diferencia física y espiritual tangible. Por ello, la mejor forma de entenderla es a base de experimentarla por ti mismo recitando un decreto de llama violeta.

Decretos y mantras de llama violeta

Después de hacer tu oración personal o uno o varios de los preámbulos que aparecen en el capítulo anterior, puedes utilizar uno o tantos de los decretos de llama violeta que leerás a continuación. Es conveniente repetir cada decreto o mantra tres veces o en múltiplos de tres.

Radiante espiral de llama violeta

En el nombre de la amada, Presencia de Dios, YO SOY en mí, mi Yo Superior, y toda la vida elemental —fuego, aire, agua y tierra— yo decreto para: [Ofrece tu oración personal aquí]. Y lo acepto hecho de acuerdo a la voluntad de Dios.

¡Radiante espiral de la Llama Violeta, desciende y destella a través de mí!

¡Radiante espiral de la Llama Violeta,
libera, libera, libera!
¡Radiante Llama Violeta, ven,
dirige e infunde tu Luz en mí!
¡Radiante Llama Violeta, ven,
revela el Poder de Dios para todos!
¡Radiante Llama Violeta, ven,
despierta la Tierra y libérala!
¡Resplandor de la Llama Violeta,
estalla y ebulle a través de mí!
¡Resplandor de la Llama Violeta,
que todos te vean, expándete!
¡Resplandor de la Llama Violeta,
establece una avanzada de Misericordia aquí!
¡Resplandor de la Llama Violeta,
ven, transmuta ahora todo temor!

La llama violeta es...

Aliento de Dios dentro de cada célula
YO SOY la Llama Violeta
Palpitando con ritmo cósmico
YO SOY la Llama Violeta
Energetizando mente y corazón
YO SOY la Llama Violeta
Sosteniendo ahora la creación de Dios
YO SOY la Llama Violeta

Con todo el Amor
Con todo el Amor
Con todo el Amor

Brillando en una cueva cristalina
YO SOY la Llama Violeta
Descubriendo todo oculto dolor
YO SOY la Llama Violeta
Consumiendo la causa y el núcleo del temor
YO SOY la Llama Violeta
Revelando ahora el nombre interno
YO SOY la Llama Violeta

Con toda la Paz
Con toda la Paz
Con toda la Paz

Resplandeciendo cual relámpago
YO SOY la Llama Violeta
Extendiéndose por las galaxias
YO SOY la Llama Violeta
Conectando ahora Alma y Espíritu
YO SOY la Llama Violeta
Elevándoos a alturas cósmicas
YO SOY la Llama Violeta

Con todo el Poder
Con todo el Poder
Con todo el Poder

Acceder a la luz
de los seres celestiales

Cuando invocamos ayuda divina, tenemos acceso a incontables seres celestiales a los cuales podemos llamar. Aparte de ángeles, maestros espirituales y jerarcas de los elementos, existen poderosos seres llamados Elohim, que son los constructores de la forma. Este nombre hebreo de Dios, Elohim, se utiliza en el primer verso de la Biblia: «En el principio Dios [Elohim] creó el cielo y la tierra».

Elohim es un nombre plural referido a los aspectos masculino y femenino de Dios. Cuando hablamos de cualquiera de las dos mitades se conserva la forma plural porque se entiende que cada mitad del Todo Divino contiene y es el Yo Divino andrógino.

Los nombres de los Elohim son palabras que sintonizan con su vibración y presencia. Arcturus y Victoria son la manifestación de la energía o luz espiritual de Dios contenida en el rayo violeta. De manera que recitar su decreto libera la energía y la conciencia de la llama violeta personificada en los poderosos seres Arcturus y Victoria.

Puedes recitar este decreto para saturar de transmutadora llama violeta el reino de la naturaleza y la Madre Naturaleza. Ello aliviará su peso y aclarará tu aura.

Radiante Arcturus, bendito ser

¡Amada Presencia de Dios, YO SOY en mí, amados Elohim Arcturus y Victoria, vida elemental: fuego, aire, agua y tierra! Pido que se transmute todo residuo nuclear, químicos tóxicos, venenos y toxinas que haya en el medio ambiente y en la comida que ingerimos. Pido que la vida elemental sea inmersa en la llama violeta y que se mantenga el equilibrio en la Tierra para alejar cualquier actividad catastrófica. Pido que la llama violeta actúe a nivel planetario para aligerar la carga que recae sobre la vida elemental. Y lo acepto hecho de acuerdo a la voluntad de Dios.

1. Radiante Arcturus, bendito ser,
   inunda, inunda mi mundo de Luz;
   en todo lugar haz surgir Perfección,
   escucha, escucha mi intensa oración.

   Estribillo*:
   Cárganos con toda tu Llama Violeta,
   cárganos, cárganos en nombre de Dios;
   ánclala en todos nosotros bien firme,
   resplandor cósmico, purifica y transmuta.

---

*Recitar el estribillo una vez después de cada estrofa

2. Arcturus bendito, gran Elohim,
    a través de nosotros tu luz haz fluir;
    complementa las almas con todo tu Amor
    desde arriba en tu gran fortaleza, Señor.

3. Arcturus, Maestro de Llama Violeta,
    mantennos seguros de todo desastre;
    a la corriente infinita sujétanos,
    ayuda a expandir el sueño de Dios.

4. Queridísimo Arcturus, poderoso Señor,
    por tu estrella radiante de bello fulgor,
    llénanos ahora con tu cósmica Luz,
    elévanos, elévanos a tu altitud.

    ¡Y con plena Fe acepto conscientemente que esto se manifieste, se manifieste, se manifieste! (Recítese tres veces), ¡aquí y ahora mismo con pleno Poder, eternamente sostenido, omnipotentemente activo, siempre expandiéndose y abarcando el mundo hasta que todos hayan ascendido completamente en la Luz y sean libres!
    ¡Amado YO SOY! ¡Amado YO SOY! ¡Amado YO SOY!

«Y con plena fe...» es una oración formal para concluir, que sella la acción de la precipitación y hace que la luz del Espíritu descienda de manera tangible a la materia.

Mantras

¡YO SOY un ser de fuego violeta!
¡YO SOY la pureza que Dios desea!

¡Mi corazón está vivo con la llama violeta!
¡Mi corazón es la pureza que Dios desea!

¡La Tierra es un planeta de fuego violeta!
¡La Tierra es la pureza que Dios desea!

¡Mi familia está envuelta en la llama violeta!
¡Mi familia es la pureza que Dios desea!

¡Los elementales son seres de fuego violeta!
¡Los elementales son la pureza que Dios desea!

YO SOY, YO SOY, YO SOY la resurrección y la vida
de todos los elementales: ¡fuego, aire, agua y tierra!

Decretos y canción para los elementales

Oh Llama Violeta, ven, Llama Violeta

¡Oh Llama Violeta, ven, Llama Violeta,
ahora brilla, brilla y brilla!
¡Oh Llama Violeta, ven, Llama Violeta,
eleva, eleva y eleva!

(Repita la estrofa entre los siguientes finales:)

1. La Tierra y lo que hay en ella (Recítese tres veces)
2. Las plantas y criaturas elementales (Recítese tres veces)
3. Aire, mar, tierra (Recítese tres veces)
4. YO SOY, YO SOY, YO SOY la plenitud del Plan de Dios cumplido ahora mismo y para siempre (Recítese tres veces)

Libera a los elementales

Sellad, sellad, sellad a todo elemental
en un brillante ovoide de clara luz
del fuego violeta, y liberadlos ya,
de toda la discordia de la humanidad
(Repita la estrofa entre los siguientes finales:)

1. Amado YO SOY (Recítese tres veces)
2. Por el rayo violeta de Dios (Recítese tres veces)
3. Por el rayo del amor de Dios (Recítese tres veces)
4. Se cumple hoy, se cumple siempre, se cumple como Dios entiende (Recítese tres veces)

Intercalar canciones en tus decretos es una magnífica manera de sentir el amor y la alegría de los seres celestiales. «Amor a los elementales» es una sencilla canción que a los niños les gusta cantar para enviar su amor y gratitud a los elementales.

Love to the Elementals

We love you, we love you, we love you,
Our dear elementals, we do
All beings of air, fire and water
And beings of earth, we love you.
I AM Presence, free all elementals
The great, the small
I AM Presence, through them
Give protection to all!

Amor a los elementales

Os amamos, os amamos, os amamos,
de verdad, queridos elementales,
todos los seres de aire, fuego y agua
y los de tierra, amor para todos.
Presencia YO SOY, libera a los elementales
grandes y pequeños,
Presencia YO SOY, por medio de ellos
¡protege a todos!

Súplica de los elementales

Los espíritus de la naturaleza cuentan con los hijos de Dios para obtener la llama violeta que necesitan. Los jerarcas que rigen esas fuerzas de la naturaleza han reiterado que los elementales andan arqueados por las cargas del karma de la humanidad y la contaminación de los elementos. Así, han destacado la importancia de invocar a diario la llama violeta para los seres del reino de la naturaleza que se dedican a mantener el medio ambiente.

Invoca la llama violeta a favor de los elementales que sustentan la base misma de tu existencia [...].

El futuro puede ser brillante si tú [...] visualizas y diriges [...] tus llamados de llama violeta al cuerpo terrestre a favor no sólo de los gnomos sino también de las ígneas salamandras, los silfos del aire y las ondinas del agua.

JERARCAS DEL ELEMENTO TIERRA

Sin el mar y sus múltiples funciones de sustento de la vida [...], la tierra no podría seguir considerándose viable como ecosistema o plataforma evolutiva para sus actuales corrientes de vida [...].

Que la llama violeta actúe como fuego sagrado para restablecer el flujo natural del Espíritu y el fuego del Espíritu con el fin de transferir la alquimia de la transmutación a los mares, sin la cual no habría vuelta al equilibrio. Y que los científicos, futuristas, estudiantes y ciudadanos preocupados en general, se erijan para defender la pureza y el poder, la luz y el cristal adornado con piedras preciosas, la belleza y el regalo de nuestro mar eterno.

JERARCAS DEL ELEMENTO AGUA

Venimos para anunciaros que la vida elemental debe obtener un mayor refuerzo de llama violeta. Podéis proporcionarlo en un espacio de entre quince a veinte minutos cada día. En esa limitada manifestación podéis ver transmutación mundial y un nuevo estado de iluminación para todas las personas que deseen tenerlo.

JERARCAS DEL ELEMENTO TIERRA

Capítulo 8

Relatos veraces sobre encuentros con los elementales

Adultos con ojos de niño
Elementales en las flores

Mark Prophet describió cómo los elementales gustan de jugar entre las flores.

Puedes adentrarte en alguna de las cañadas silvestres de Irlanda o de los Estados Unidos y ver con la vista espiritual algunos de esos elementales [...]. Estarán en una capuchina o un rosal. Quizás veas a un elemental que no mida más de dos o tres pulgadas (de 5 a 8 cm.). Estará danzando o haciendo piruetas.

De repente, dará un salto en el aire como hacen las bailarinas, y subirá y se agarrará con fuerza a la punta de una ramita encima de una rosa. Luego, tal vez, sujetándose las piernas en la rama, quede colgando. Dicho de otra forma: le colgará la cabeza por encima de una rosa.

Se acercará a ella y aspirará la esencia de la rosa, igual que las personas huelen una flor. A continuación, el pequeño elemental de pronto se dará la vuelta y saltará con garbo.

Eso hacen los elementales al son de la música. Tienen sus propios instrumentos musicales, y crean muchas melodías hermosas.

Un simpático elemental en un árbol

Por supuesto, a los elementales les agrada estar en los árboles, como descubrió esta viajera cuando pasaba por su lado.

En ocasiones, recorro largas distancias sola en mi auto cuando estoy de vacaciones. Una vez, mientras conducía por una autopista de dos carriles con poco tráfico, vi frente a mí un viejo árbol que parecía bastante seco, inclinado sobre el arcén, muy próximo a la carretera. No pude evitar el darme cuenta de que había un elemental apoyado en el árbol. Dibujaba una amplia sonrisa y me hacía elocuentes señas con la mano a medida que me aproximaba.

Me aseguré de que no tenía ningún auto cerca y le devolví el saludo y le sonreí hasta pasar de largo. Parecía contento de que hubiera reconocido su presencia. Me entusiasmó haber vivido esa divertida experiencia con el simpático elemental del árbol.

Un gnomo que ayuda a lavar los platos

Lo único que este gnomo quería hacer era trabajar.

Había un pequeño gnomo que solía ayudarme a lavar los platos y las ollas. Antes de empezar siquiera, pasó mucho tiempo sentado en una repisa observándome. Tras percatarme de su presencia, le pregunté qué hacía allí y cómo se llamaba.

Respondió: «Me llamo Ra Moose, soy duro como una uña y estoy mirando cómo lavas los platos».

Le pedí: «¿Por qué no bajas y me ayudas?».

Él repuso: «¡Porque no me lo has pedido!».

Lección de bondad

Un joven elemental enseñó a esta presuntuosa dama una valiosa lección.

Siempre he podido ver a los espíritus de la naturaleza, y un día vi uno sentado a mi lado mientras conducía. Miré al gnomo y le ordené que me dijera su nombre en quince minutos.

Tras pedírselo, él respondió: 'Tesoro'. Al asociar el nombre con la criatura de la trilogía de Tolkien y suponer que era masculino, reaccioné de manera algo brusca. De hecho, le dije que era un nombre malo y que disponía de otros quince minutos para 'corregirlo'.

Cuando pregunté de nuevo, una vocecita nerviosa confesó que era una chica y que no podía evitar llamarse Tesoro. Su voz sonaba tan triste y dolida que, contrito, inmediatamente le pedí perdón.

Del intercambio con Tesoro que tuvo lugar ese día (actualmente es mi mejor amiga y colaboradora) aprendí que debemos ser bondadosos y amables con toda la vida elemental. ¡«Hacerse el duro» no era la consigna del día!

Un impresionante ser de la montaña

Algunos de los invisibles colaboradores de los seres humanos son grandes y altísimos.

Muchos años atrás, mi madre y yo nos dirigíamos en nuestro auto desde Kansas City hasta Colorado Springs. La parte occidental de Kansas es bastante llana, de modo que me alegró ver montañas a lo lejos, después de tantas millas de monótona conducción en línea recta. En mi entusiasmo, comencé a lanzar saludos a voz en grito a los «dioses de las montañas».

Continué así varias millas para fastidio de mi madre.

Finalmente, nos acercamos lo suficiente a Pike´s Peak como para verlo con claridad. De repente, ¡vi algo parecido a un ser enorme de pie encima del pico! Creí que estaba alucinando. Entonces, mi madre dijo con calma «Ya lo has conseguido. Le has despertado».

Sentí un escalofrío y una energía enorme, una clara vibración de bienvenida por su parte, así que le saludé cortésmente.

Viento especial en un día tranquilo

Es en los invisibles pero bien determinados movimientos que se producen en la naturaleza donde los elementales a menudo se dan a conocer.

Trabajo como conductor de camiones de reciclaje en Minneapolis. Todos nosotros operamos en grupos de una sola persona. Existe un ritmo determinado en todo lo que hacemos y yo considero mi trabajo un ritmo cósmico.

En ocasiones, las latas que caen del camión ruedan hasta depositarse debajo de él. Yo solía arrastrarme por debajo o empujarla y luego me bajaba y recogía la lata. Sea como fuere, eso me rompía el ritmo.

Los elementales entienden que hay un ritmo en la vida y ellos me mantienen en él. Me basta con llamarles: «Necesito esa lata. Llevadla hasta donde yo estoy», y eso hacen.

Ayer no hacía nada de viento. El aire estaba en calma, silencioso. Cayó una lata debajo del camión en un lugar donde me era imposible alcanzarla. Antes de pedirlo, la lata se desplazó enérgicamente hacia mí.

Corazones que todavía creen

Hadas y luciérnagas

Esta señora explica que, de niña, podía ver a los elementales.

Cuando era joven mi vida era un cuento de hadas. Veía hadas y otros seres de la naturaleza, y creía que todo el mundo los veía. Solía visitar a mi abuela, que vivía en el campo, en un lugar donde no hay postes de alumbrado. De noche, veía a las hadas volando con las luciérnagas. Les cantaba. ¡Les encanta cantar!

Risitas en la noche

Una noche, ya tarde, esta niña se despertó por el ruido de unos elementales que jugaban.

Cuando vivía en Canadá, a la edad de siete años, me acosté una noche y, más tarde, me despertaron unas risitas. Vi tres elementales que juguetonamente saltaban por mi cama. En un momento dado, fue como si uno de ellos mirase a hurtadillas hacia mi cara haciendo señas con la mano desde una altura de unos cuatro pies (1,2 metros), aparentando mirar por encima de una caja.

Era obvio que los elementales querían jugar conmigo. Pero tenía clase al día siguiente y les dije mentalmente que debía ir a dormir para poder levantarme por la mañana.

Dicho esto, me eché la manta por encima de la cabeza y, pasándoles por alto, me dormí enseguida. En aquella época era mucho más fácil conciliar el sueño independientemente de lo que pasara, incluso las risitas.

Los elementales no pueden suplir las imprudencias

Cuando era una niña, esta mujer aprendió una lección importante acerca de los elementales.

De niña, me encantaban sobre todo los árboles, y a pesar de que vivo actualmente donde hay pocos, son lo que más me gusta de la vida vegetal.

Las historias que cuentan son maravillosas. Me parecen verdaderas personas, y de niña me encantaba verme rodeada por sus brazos.

Un día resbalé y fui a parar debajo del tronco de un arbolito. Me rasguñé la barriga, que quedó en carne viva. Sentí que mi árbol amigo, quien pensaba que debiera haberme evitado caer y herirme, me había traicionado, así que me pasé horas sollozando. Cuando al fin le conté a mi madre por qué estaba tan disgustada, ella me explicó que no había sido culpa del árbol. Ese día, con su paciente ayuda, aprendí que debía tener en cuenta las propiedades del mundo físico cuando trepase por un árbol o me metiese en el riachuelo.

Mi madre me explicó que si era imprudente y resbalaba, los espíritus de la naturaleza no podrían impedir que cayera. Aun así, dijo que ella siempre pedía a los ángeles y a los seres de la naturaleza que nos protegiesen mientras jugábamos por la finca.

Un niño aprende a llamar al viento

A veces, las personas aprenden cosas acerca de los elementales de alguna forma muy especial.

Recuerdo cuando mi madre me enseñó a atraer el viento.

Estábamos en la casa solariega durante unas vacaciones de verano. Era un niño de nueve años, y como tal me gustaba ir a la provincia donde mi madre se crió. Las personas del lugar que ayudaban en la casa gustaban de entretenerme contándome historias tanto malévolas como bonitas, de los espíritus de la naturaleza, y relatos folclóricos transmitidos por los habitantes de la montaña.

Ese verano en particular hacía un calor tórrido. Ni siquiera las aguas frescas del mar del sur de la China podían proporcionar alivio.

«Hace tanto calor... hace demasiado calor para ir a la playa», me lamenté.

Mi madre respondió enseguida: «Pues vamos a llamar al viento». Se enderezó, hizo una pausa, juntó los labios y silbó.

Fue un silbido sencillo. Comenzó con una nota de registro medio y terminó con una nota alta sostenida. Era alegre, ligera. Me imaginé a mí mismo transportado por ese tono que se elevaba progresivamente. Silbó un par de veces, no con prisa sino con firmeza. Era un sonido tranquilizador.

De pronto, las puertas empezaron a moverse. Las hojas se agitaron suavemente y las ventanas de la sala abiertas de par en par dejaron entrar una suave brisa. Llamó al viento unas cuantas veces más para divertirse.

Ese verano aprendí a silbar. Y desde entonces he utilizado esa técnica para llamar al viento.

Hadas en las violetas y en las jaboneras

Otra niña descubrió que alguien muy cercano a ella conocía a las hadas, igual que ella.

Cuando era una niña, vivía en una granja sin televisión y apenas radio. Pasaba horas jugando en el jardín de tierra. Mi lugar favorito estaba detrás del granero cerca del manantial, donde crecían muchas violetas de color morado y blanco. También había bellas flores de color amatista, conocidas con el nombre de jaboneras, que se balancean con la brisa. Hablaba con las hadas que veía allí y, en efecto, con todo lo que vivía, en especial los árboles, pero también cerdos, vacas, caballos y gallinas.

Una tarde, cuando regresaba de jugar, mi madre me preguntó dónde había estado. Al responderle: «Cerca del manantial, donde las violetas», exclamó: «¡Me encanta ese lugar! ¿Has estado hablando a las hadas?».

Le dije que sí y ella añadió: «Siempre me gustó más que nada jugar donde están las violetas. He notado que hay muchas más hadas donde crecen las violetas que en ninguna otra parte. Cuando era pequeña —prosiguió— tenía un lugar especial donde había una roca grande con forma de silla, en lo alto de la colina encima de la estación de ferrocarril. Estaba en un campo enorme de violetas y jaboneras. Siempre vi más hadas allí que en cualquier otro lado».

¡Qué placer sentí al saber que mi madre también veía a las hadas! Nunca nadie me dijo que las hadas no existieran, de modo que las he visto y les he hablado toda mi vida.

Capítulo 9

Más llamados para obtener intervención divina

Decretos al arcángel Miguel

Siempre que necesites protección —cada día en el transcurso de tu vida o en épocas de cambios climáticos o terrestres— puedes llamar al arcángel Miguel. Este poderoso arcángel es el Capitán de las Huestes del Señor y cuenta con ilimitadas legiones de ángeles a sus órdenes. Cuando le llamamos pidiéndole protección él está a nuestro lado.

En las sesiones de oración a la llama violeta primero suelen recitarse los decretos al arcángel Miguel. Después de hacer el decreto del tubo de luz, puedes invocar la protección del arcángel Miguel con el siguiente decreto. Al recitarlo, visualiza con tu imaginación al arcángel Miguel ante ti ataviado con una armadura de luz. Ve cómo te guarda, a ti, a tus seres queridos y a toda la vida elemental de todas las circunstancias negativas y daños.

Armadura de llama azul del arcángel Miguel

En el nombre de la amada Presencia de Dios YO SOY en mí, amado arcángel Miguel y tus legiones de ángeles de llama azul, pido protección para mí, mis seres queridos, mi nación, la Tierra y toda la vida elemental. Y lo acepto hecho de acuerdo a la voluntad de Dios.

1. San Miguel, San Miguel,
    invoco tu llama,
    ¡esgrime tu espada y
    libérame ahora!

    Estribillo*:
    Proclama el poder de Dios,
    protégeme ahora.
    ¡Estandarte de Fe
    despliega ante mí!
    Relámpago azul
    destella en mi alma,
    ¡radiante YO SOY
    por la Gracia de Dios!

---

* Recitar el estribillo una vez después de cada estrofa

2. San Miguel, San Miguel,
    yo te amo, de veras;
    ¡con toda tu Fe
    imbuye mi ser!

3. San Miguel, San Miguel
    y legiones de azul,
    ¡selladme, guardadme
    fiel y leal!

    Coda:
    ¡YO SOY saturado y bendecido
    con la llama azul de Miguel,
    YO SOY ahora revestido
    con la armadura azul de Miguel! (Recítese tres veces)

Fortalécete a ti y fortalece a tus seres queridos y a los elementales con llamados al arcángel Miguel haciendo el decreto «Protección de viaje» tres veces o tantas como desees. Si no tienes tiempo de dar este decreto por la mañana (en tu altar o mientras te preparas para el día), puedes recitarlo en voz alta al conducir en el auto hacia el trabajo, en voz baja si te diriges caminando hacia algún lugar, o en silencio si vas en el autobús o en el metro.

Visualiza al arcángel Miguel y a sus legiones como ángeles majestuosos ataviados con resplandeciente armadura y capa de un brillante color azul zafiro, el cual lleva la vibración y energía de la protección. Imagínalos colocando su magnífica presencia alrededor tuyo, de tu familia, tus amigos, los elementales y todos aquéllos por quienes estés orando.

Protección de viaje

¡San Miguel delante,
San Miguel detrás,
San Miguel a la derecha,
San Miguel a la izquierda,
San Miguel arriba,
San Miguel abajo,
San Miguel, San Miguel, dondequiera que voy!
¡YO SOY su Amor protegiendo aquí!
¡YO SOY su Amor protegiendo aquí!
¡YO SOY su Amor protegiendo aquí!

Revertir circunstancias negativas

El poderoso decreto «Revierte la marea» puede emplearse en muchas clases de desastres naturales y en otras situaciones. Después de dar el preámbulo, utiliza una de las oraciones para los elementales anteriormente sugeridas o compón tu propia oración para la situación concreta que te ocupe.

Recita la parte principal o cuerpo del decreto, preferiblemente de pie, con las manos levantadas y las palmas hacia fuera. Visualiza legiones de luz revirtiendo la marea de cualesquiera energías que puedan intervenir en la situación.

Revierte la marea

En el nombre de la amada poderosa, victoriosa Presencia de Dios, YO SOY en mí, mi Yo Superior, amados Elohim, arcángel Miguel y toda la vida elemental: fuego, aire, agua y tierra, yo decreto:

¡Revertid la marea! (Recítese tres veces)
¡Hacedlos retroceder! (Recítese tres veces)
¡Revertid la marea! (Recítese tres veces)
¡Asumid el control!
¡Hacedlos retroceder! (Recítese tres veces)
¡Liberad a todos! (Recítese tres veces)
¡Revertid la marea! (Recítese tres veces)

¡Unid a los pueblos en Libertad! (Recítese tres veces)
¡Liberadlos ahora por el amor de Dios! (Recítese tres veces)
Unid la Tierra y mantenedla libre (Recítese tres veces)
¡Por la Victoria YO SOY de cada uno! (Recítese tres veces)

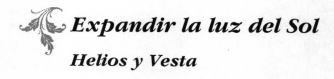

Expandir la luz del Sol

Helios y Vesta

A los seres que representan al Sol

¡Helios y Vesta!
¡Helios y Vesta!
¡Helios y Vesta!
¡Que la Luz fluya dentro de mi ser!
¡Que la Luz se expanda en el centro de mi corazón!
¡Que la Luz se expanda en el centro de la Tierra
y que la Tierra sea transformada en el Nuevo Día!

¡Invencible Protección de la luz YO SOY!

¡Invencible Protección de la Luz YO SOY!
¡Invencible Protección de la Luz yo ordeno!
¡Invencible Protección de la Luz es mía cada día!
¡Invencible Protección de la Luz
     gobierna siempre a través de mí!

El poder del amor infinito

YO SOY *la luz del Corazón*

YO SOY la Luz del Corazón
brillando en las tinieblas del ser
y transformándolo todo en el dorado tesoro
de la Mente de Cristo.

Proyecto mi Amor
hacia el mundo exterior
para derribar toda barrera
y borrar todo error.

¡YO SOY el poder del Amor infinito
que se amplifica a sí mismo
hasta ser victorioso
por los siglos de los siglos!

Una oportunidad para ayudar a la vida elemental

Cada uno tenemos en potencia millones de elementales que dependen de nosotros. Dependen de nosotros para que recemos por ellos, para que ofrezcamos llama violeta por ellos. Teniendo en cuenta los acontecimientos catastróficos que se han producido en años recientes, sin duda es para nuestro propio beneficio acordarnos de los elementales, caminar y hablar con ellos, rezar a sus jerarcas y alentarlos, darles esperanza y estar a su lado.

Los elementales nos han ayudado durante mucho tiempo. Ahora tenemos la oportunidad de ayudarles a ellos, y disponemos de las herramientas espirituales para hacerlo. Por medio de la chispa divina que se encuentra en nuestro corazón, podemos invocar asistencia divina a fin de levantar las cargas de la Madre Naturaleza y ofrecer renovación a toda la vida elemental del planeta Tierra.

¿Lo harás? ¿Te comprometerás a ayudar a los espíritus de la naturaleza? ¿Qué harás para sanar y renovar nuestro planeta y la vida elemental?

Nos encantaría saber de sus esfuerzos y victorias a favor de la vida elemental del planeta Tierra.

Puede escribirnos a:
porciaediciones@yahoo.com

**Para pedidos y
envíos de libros a domicilio**

Porcia Ediciones, S.L.
C/ Aragón 621, 4º 1ª
08026 Barcelona (España)
Tel./ Fax (34) 93 245 54 76

o:

Porcia Publishing Corp.
P. O. Box 831345
Miami, FL 33283 (USA)
Pedidos *Toll-Free*: 1 (866) 828-8972
Tel. (1) 305 364-0035
Fax (1) 786 573-0000

E-mail: **porciaediciones@yahoo.com**

www.porciaediciones.com

¿*Desea enviarnos algún comentario sobre* Espíritus de la naturaleza?

Esperamos que haya disfrutado al leerlo y que este libro ocupe un lugar especial en su biblioteca. Es nuestro mayor deseo complacer a nuestros lectores, y, por ello, nos sería de gran ayuda si rellenara y enviara esta hoja a:

Porcia Publishing Corp.
P. O. Box 831345
Miami, FL 33283 (USA)
Pedidos *Toll-Free*: 1 (866) 828-8972
Tel. (1) 305 364-0035
Fax (1) 786 573-0000

E-mail: **porciaediciones@yahoo.com**
www.porciaediciones.com

Comentarios:_____

_____

_____

¿Qué le llamó más la atención de este libro?_____

_____

_____

¿Autoriza a que publiquemos su comentario en la página web?

SÍ   NO

¿Quiere recibir un catálogo de libros?   SÍ   NO

Nombre: _____

Dirección: _____

Ciudad: _____ CP:_____

Provincia/Estado: _____ País: _____

Teléfono:_____ Email: _____

Línea de recorte

Made in the USA
Columbia, SC
03 October 2022

68323352R00095